クメール美術

クメール古典舞踊
ノロドム・ブパ・デーウィ王女
Mr, Loke Wan Tho撮影、Mr. Rt. Hon, Malcolm Mac Donald : Angkor, 1958 より

序

東南アジアの古代美術のうち、ずばぬけて優れた魅力ある石彫を、この世に残した国は、カンボジアである。そこの主要民族がクメール族で、その美術のことを、「クメール美術」と呼んでいる。

この石彫の美術は、古くからフランス人によって研究、また高く評価され、その魅力を世界中に知らしめた。古来、クメール美術の調査と研究は、フランス人学者によってなされ、その素晴らしさが愛され、理解された。

ここでとりあげる五章分からなる拙論は、無論、先学フランス人学者の研究をもとにしている。しかし、基本は直接に現地、カンボジアへ出向いて、自分で各石彫作品に接して、自身の眼で見て理解しようとした。

また、第五章と第六章は、石彫の形だけを追求するのではなく、その信仰上、造形上の背後にある、聖典をもとに解釈し、石像の図像的内容を解明した。特に第六章の特異な観音像については、わが国に伝わった一つの仏典をもとに、判断することができた。

カンボジアの古代美術は、主にヒンドゥー教である。その傑作をあつめた、プノン・ペン国立博物館を論じている。またクメール寺院に多く見る天女たちの浮彫像を、とりあげている。さらに、カンボジアの第一級、巨大寺院遺跡、プレア・ヴィヘアの全貌を、紹介した。

さらに、アンコール・ワットと同様に、有名な寺院跡、バイヨンに残る巨大な顔について、語っている。終わりに、カンボジア独自の姿の観音像について、ある仏教経典を通じて、その意義を明らかにした。

ここに述べる全五章は、カンボジアのクメール美術、その偉大性をわかりやすく説き、その文化遺産に対する、理解の一助となれば、幸いである。

令和元年九月二十日

著者識す

目次

総論

カンボジアの古代美術は、石造が主体である。それらは、主にインドより伝わった、ヒンドゥー教の美術である。この宗教は、現在広くカンボジアで信仰されていない。その寺院にまつられてあった神像類は、過去の寺院内には、ほとんどない。ある像は、こわされ、かろうじて救われた神像類が、今日、プノン・ペン国立博物館に、陳列されている。それらは、おどろくほど、すぐれた作品類である。

ここでとりあげた、第二章から第六章は、過去に、カンボジアの古代美術について、調査、研究したものである。第二章は、カンボジアの古代遺跡、寺院に、多く彫りあらわされた、天女もしくは舞姫たちの姿について、語っている。彼女たちは、神々や祖霊の前で、踊りをおどった踊り子たちである。実に多くが彫られた。クメール美術の最大の魅力である。

第三章は、カンボジア第一の国立博物館、プノン・ペンのそこに陳列された、石造の名品類を、時代順に述べている。今後、そこへ訪れる方々のためになれば、と念じている。

次に、第四章にて、今後、世界中の観光客が訪れるようになる、国境の巨大遺跡、プレア・ヴィヘアについて、記録している。その内容は、わが国へ最初に紹介した拙文であった。現在、この地へは、やや不便ではあるが、カンボジア第一の遺跡、アンコール・ワットと同様に、非常に崇高な文化遺産である。

第五章は、アンコール遺跡群の中で、アンコール・ワットと同格に、魅力をしめた、巨大寺院、バイヨンをとりあげている。魅力の焦点は、寺院の各塔にあらわされた、大きな顔について、論じている。その背後の思想には、ヒンドゥー教の聖典『バガヴァッド・ギーター』が尊重されていた、と信じる。

最後の第六章は、カンボジアのクメール美術に現われた、独特な御姿の、観世音菩薩像を、とりあげている。アジアの仏教美術史上、実にユニークな御姿の観音像が、アンコール帝国ジャヤーヴァルマン七世王の治世に、信奉された。他にない貴重な存在である。

以上、クメール美術史上での時代区分と、各様式の特色については、第三章で語っている。また、アンコール帝国の時代での、主要な王都であった、アンコール都での、基本的な必見の全十二ヶ寺については、第二章で解説してある。今後も、カンボジアのシエムリエップ町の北域にある、アンコール遺跡群と、首都プノン・ペンにある、プノン・ペン国立博物館は、従来どうりに、最重要視されていく。また、国境の大寺院跡、プレア・ヴィヘアは、素晴しく、急速に一層、尊重視されていくはずである。

第一章

女神像崇拝の美術

一、神王崇拝

『マヌ・スムリティ』、別の名で『マヌ法典』は、西暦前後にまでさかのぼる、古代インド人の諸々の生活法規、慣習を集大成した聖典である。これが古くからクメール人にも伝わっていた。その中で、王を神として同一視した神王崇拝があり、次の通りである。

「王は人間であるとの観念から、たとえ年少の王であっても、これを軽蔑《けいべつ》してはならぬ。何となれば、王は人間の姿をしている一大神格であるからである。」　第七章王法八

クメール美術史上、この神王崇拝が、最も美しい肖像彫刻として、今日に残った作品は、図版32と70・71に示した、ジャヤーヴァルマン七世王の肖像である。カンボジアが誇《ほこ》る第一級の名作である。

二、女神像の輝き

『マヌ法典』では、女性、婦女の輝きについて述べている。その最も美しい個所を、『マヌ法典』から引き出すと、次の通りである。この賛嘆《さんたん》文は、当然、古い当時のクメール人も知っていたはずである。すなわち、

「(1) 婦女の尊敬せられる所にあっては、天神は歓喜《かんき》するが、彼女らの尊敬せられない所にあっては、一切の祭儀は、その果報をもたらさぬ。

(2)婦女親族の愁訴《うったえ》する所にあっては、その家族はにわかに破滅するであろう。しかし、彼女らの愁訴《うったえ》しない所にあっては、その家族は何事にも、繁栄するであろう。
(3)婦女親族が、尊敬されずして、呪詛《のろう》する家は、あたかも魔術にかかって、打毀《なぐる》される如《ごと》く、完全に破滅《はめつ》するであろう。
(4)故《ゆえ》に幸福をねがう人々は、斉日や祭日には、常に装飾・衣服・美食を与えて、婦女を尊敬すべきである。
(5)夫は妻をもって満足し、妻は夫をもって満足する。こういう家族にあっては、常に幸福のあるべきことは、確実である。
(6)何となれば、もし婦女が、美に輝かなければ、夫は歓喜《かんき》せしめず、また、もし夫が歓喜《かんき》しなければ、子供は生まれないからである。
(7)もし、婦女が美に輝く時は、その全家族は美に、輝くのである。さあれ、女性にして輝かぬ時は、実に一切は、輝くことはない。」　第三章　家住期法上、結婚五六～六二

この一文を心にしめて、図版47と48の二枚に示した、ラクシュミー女神像を見るなら、絶賛である。クメール美術史上の最高傑作といえよう。また、一般に「ブラック・プリンセス」と愛称される、硬い岩から彫り出した、図版59の女性肉体のモデリングは、実に、すばらしく、おどろきであろう。

さらに、高浮彫の女神像でいうなら、後の第二章でも述べるが、この本の表紙写真にかかげた二つは、最高傑作と力説したい。その一つが図版10の、プノン・バカエンの一体で、もう一つが図版16で示した、バンテアイ・スレイの名作である。

クメール美術には、一つの特色がある。それは死んだ人の姿を、石造で肖像として造り、それを神と同一視して、祀《まつ》る習慣である。残った碑文の解読から、その石造が、誰であったか、判明している作品がある。その一体は、かつてロレイに祀《まつ》られた、図版55の女神像である。その神は、シヴァ神の妻、ガウリー女神で、その姿は、ラージェンドラデーヴィー妃の肖像であった。また、図版74に示した、女神像は、先のジャヤーヴァルマン七世王の妻の肖像であった。両者の女神像については、後の第三章でも、再びのべることにする。

三、五大犠牲

ヒンドゥー教の信徒が実践しようとする、五つの善行の徳目は、「パンチャ・ヤジュナ」といって、今日でも尊重されている。

(1) デヴァ・ヤジュナ

人は神々への祈りと礼拝とによって、神々を喜こばせよという。この犠牲の供養は、儀式を通じてなりたつ。

(2) ピトリ・ヤジュナ

先祖のいる所は、「祖霊界」であって、そこに住む霊のことを「祖霊《それい》」という。人はその祖霊を忘れずに、御供物を捧《ささ》げて、祖霊を喜こばせる。この犠牲の供養も、(1)と同様に儀式からなりたつ。

（3） リシ・ヤジュナ

人は聖典の学習をなすことによって、幸福を得る。聖典の勉強は、犠牲の供養の一つで、毎日の勤行《ごんぎょう》も、このリシ・ヤジュナにあたる。

（4） ヌリ・ヤジュナ

人は苦しんでいる兄弟に奉仕し、苦難を除《のぞ》いてやれと命じる。これも、犠牲による供養で、慈悲の行為からなされる。

（5） ブタ・ヤジュナ

人は生き物、鳥や虫などに、食物の一部を分けあたえよと。この犠牲の供養も、（4）と同じく慈悲の行為からなすのである。

以上、五つの犠牲、「パンチャ・ヤジュナ」という善い行いの内、（1）のデヴァ・ヤジュナと（2）のピトリ・ヤジュナとは、儀式への参列が必要となる。ここに供養女《くようめ》としての踊り子が係《かか》わり、神への賛嘆《さんたん》と死者への慰霊《いれい》の役が演じられる。カンボジアのヒンドゥー教美術では、造像上の背後に、この二つの犠牲が裏打ちされている。

さて踊り子は、本来、インドにて、寺院の神像を扇であおぎ、儀式での行列の時に、灯火を持ち、歌をうたい、また踊りを舞う女性であった。特に、ヒンドゥー教のシヴァ神の寺院で、シヴァ神への奉納として踊られた。その習慣が古代カンボジアにも伝えられ、主に、シヴァ神の霊前で、舞《まい》が演じられたのであった。

四、シュラーダ祭

さて、ヒンドゥー教の儀式、「シュラーダ」祭こと祖霊祭は必須《ひっす》である。『マヌ法典』第三章、家住期法上の中で、くわしく説かれた。その祖霊とは、人の死後に、人の魂が向かう「祖霊界」という霊界に住む、霊たちのことである。人はこの世の人生において、その祖霊へ思いを向けることが、大切である。それが祖霊祭という儀式で、この時に、祭餅《さいべい》、ピンダを始めとする、聖水等の御供物が奉納される。すなわち、次のように説かれる。

「ピトリ・ヤジュニヤを執行した後は、聖火を蔵するブラーフマナ族は、ピンダ・アヌヴァーハールヤカと名づける祖霊祭を、毎月、新月の日に、執行すべきである。」三、祖霊祭一二二

「この亡霊祭、プレータ・クリティは、有名なもので、祖霊祭と名づけられ、新月の日に挙行《きょこう》せられる。」　三、祖霊祭一二七

この祖霊祭には、二種類があって、満月におこなう祖先、祖霊のための祭儀と、新月になす「プレータ」こと、亡霊のための儀式とである。先の祖先の供養は、『マヌ法典』第九章、司法法下の中で、自分の父、祖父、曾祖父への、三代までの祖霊の供養の大切さが説かれ、実行される。そのために、その個所を引き出し、故意に記しておく。

「（父・祖父《そふ》・曾祖父《そうそふ》の）三霊に、水供《おみずあげ》を捧《ささ》げねばならず、三霊に祭餅《さいべい》（ピンダ）を、供養せねばならず、第四（の子孫）は、これらの供養者であり、第五（の子孫）は、（かれらと）何等《なんら》の関係がない。」第九章司法法下、一八六

次に、プレータへ向けての供養が、大変に重要視される。プレータとは、人の死後、その魂が移行して、やがて祖霊界へと入って、祖霊になるまで、その間の者のことである。つまり、死ぬ前に、地球にいた時、不意な事故によって、死ぬ前の状態から覚《さ》めず、死ぬ以前のことに、いまだにふらふらと、とりついている。この者は俗に、亡霊、幽霊、浮遊霊《ふゆうれい》と呼ばれる。

このような霊は、不幸者である。時に以前、地球で縁のあった者にとりついて、いわゆる憑依《ひょうい》、のりうつるのである。実に、この世における恐《おそ》ろしい現象で、のりうつられた人は、不幸な出来事にでっかする。そこで、目にみえない亡霊、プレータをなぐさめるために、例の踊り子が登場し、彼女らの舞《まい》によって、亡霊を供養《くよう》するのである。

この恐しき不幸な現象について、ヒンドゥー教の聖典、『ガルダ・プラーナ』は、つぶさに説いている。この聖典は、当然、古代カンボジアにも、インドから伝わっていたはずである。『プラーナ文献』といって、それは十八種あり、ヒンドゥー教の神話、伝説の宝庫といわれる。その一つがこのガルダ・プラーナである。大きな鳥ガルダ（図版58）は、ヴィシュヌ神の化身、クリシュナ神に、亡霊について質問した。そこで、そのクリシュナ神が答えるのである。その個所を和訳すると。

「(1)不妊症となり、子を産んでも、子は早死にする。財産や家畜の喪失《そうしつ》がある。

(2)気が変わりやすく、家族を敵対視する。予期せぬ災害にであう。

(3)信仰をやめ、生計がたたなくなる。過度に貪欲となり、家で、定期的に喧嘩《けんか》がおきる。

(4)親を殺す。神やバラモン僧をあなどり、殺人罪にとわれる。雨が多いのに、作物が実《みの》らない。支出が増え、収入が減《へ》る。喧嘩《けんか》が頻繁《ひんぱん》におこる。

(5)外国への旅行中、突風《とっぷう》に悩まされる。下級カーストの者とつきあうようになり、不正な行いに興味をもつようになる。

(6)貯《たくわ》えておいた財産が、不幸にも消失する。仕事が未完成で終わる。不当な税金のため、財産を消失する。火事があったり、泥棒《どろぼう》にあう。

(7)不治の病に倒れ、子供らや妻が苦痛に苦しめられる。人が聖典のヴェーダ、スムリティ、プラーナ、ダルマ・シャーストラを疑うようになる。

(8)神、師、バラモン僧を人前で、また人のいない所で、罵《ののし》ったりする。生計がたたなくなり、社会的な地位がなくなる。家系がとだえる。流産や子の早死にもであう。

(9)人は毎年、誠実に祖霊祭を行わないと、巡礼中、邪淫《じゃいん》にふけり、自分の義務を怠《おこた》ったり、恭敬な行いをなしても、繁栄を失う。

(10)夫と妻は、食事で喧嘩《けんか》をし、他人をひどく傷《きず》つけたくなる。

(11)洋行すれど、貿易はうまくいかず、妻と別れて生活をなすようになる。

(12)外国に住んで、留学中、自分の家をなくしてしまう。

(13)家族、息子を敵視する。故郷に興味がなくなり、つまり、家に親しみがうすれる。

(14)両親に従うのがいやで、自分の妻をも愛せなくなり、惨酷《ざんこく》な性格になる。ついに、自分の仕事を、失ったりする。」第二巻、ダルマ（プレータ）カーンダ、第二〇章21～41

「(1)葬儀が定められたやり方で行われないなら、死者の魂は、正しい道からそれて、邪悪な仲間の中に落ちる。そのため、葬儀はその者を救うための、唯一の儀式である。
(2)ガルダよ!、人が突然の死をとげるか、その者の死体が至当に、火葬されないなら、幽霊となって、苦しみを受ける。
(3)至高の鳥よ、子孫が以上のことを知って、幽霊たちの仲間から、その死者を救う祖霊祭を行うべきである。その幽霊のための儀式を行わないなら、その人自身も、死後に、幽霊となる。
(4)その人、その人の家は、幽霊によってつきまとわれ、幸福な生活、心のやすらぎを感じない。その人は、信仰、楽しさ、信人、識別、健康を失う。
(5)家系は、三代か、五代でつぶれる。たとえ再生しても、その者は卑《いや》しく、貧乏《びんぼう》、罪深い生涯に生きる。
(6)そのような人々は、荒々しく、嫌悪《けんお》で、醜《みにく》く、一見して幽霊のような者となる。カースト制、子、両親、女性への敬意を、いだかない。また、流行の服装を着て、不機嫌《ふきげん》に進み、だらしなくしゃべる。
(7)ああ何たることか!、そのような者は、見るだけで、痛々しく、運命によって、前世での罪深い行為の収集から苦しむ。」第二巻、ダルマ(プレータ)カーンダ、第二〇章42〜47

以上、プレータ、亡霊による人におおいかかる悲惨さは、実に痛々しい。それをなぐさめる役が、寺院の祖霊に向けて踊られる、供養女《くようめ》こと、踊り子たちなのである。アンコール遺跡のタ・プロム寺院から発見された、一一八六年の碑文によると、当時、この寺院には、何と六一五人もの、踊り子たちがいた、とあった。その人数を想像すれば、いかにこの寺院には、多くの踊り子たちがいたことに、おどろかされる。

なお、古代カンボジアのクメール人は、先に述べた祖霊祭の時、寺院の神前に、御供物として、何を神々や祖霊、亡霊にさしあげ、供養していたのだろうか。同じく『マヌ法典』の中で、その種類についてふれ、おそらく古代カンボジアでも、同様であったのだろう。それらは、聖水、牛乳、根菜、果実、胡麻《ごま》、お米、大麦《むぎ》、豆であった。『マヌ法典』のその個所を引き出すと、次の通りで、ここに書き残しておこう。

「日々、食物または水をもって、あるいはまた、牛乳、根菜、果実《フルーツ》をもって、祖霊供《くもつ》を捧《ささ》ぐべきであり、かくして祖霊を歓喜《かんき》せしむべきである。」　第三章、家住期法上八二

「人間の祖霊は、儀軌《ぎき》にしたがって、供養せられた胡麻《ごま》種、米、大麦《おおむぎ》、豆、水、根菜、果実《フルーツ》によって、一月の間、満足する。」　第三章　家住期法上二六七

また、祖霊祭には、祭餅《さいべい》ピンダが奉納され、それはミルクと砂糖とお米とで、出来ていた。「ミルクと砂糖とを一緒に炊《た》いた米を、祖霊に供《そな》える者は、大きな功徳をうる。このような形で祖霊を祀《まつ》る人は、十三年間続けて、毎年シュラーダ祭を、行ったものとみなされる。」『マハーバーラタ』第十三巻、アヌシャーサナ・パルヴァン、ヴィシュヴァーミトラによる説法、とある。

五、女神像崇拝

愛するアンコールワットには、何と、約千七百体もの女神像（図版22）が、その建物の側壁に彫り出されている。彼女らは、当時の踊り子の姿である。その華麗な様相を見ても分かる通り、実に魅力的である。それだけお洒落《しゃれ》であった。この女神像からも、当時、かなり多くの踊り子がいたはずである。

したがって、クメール美術は、女神像崇拝の美術、と印象される。それは言いかえると、女性崇拝の美術なのである。しかしながら、『マヌ法典』は、次のような条を残している。

「現世において、男子を堕落《だらく》させしめるのは、婦女子の本性である。この事由《りゆう》により、智者は、婦女子の中にあって、油断をしない。何となれば、婦女子は、現世において、ただに愚人のみならず、実に学者をも邪道《じゃどう》に導き、彼らを愛欲、または忿怒《ふんぬ》の奴隷とすることが、できるからである。」　第二章　法源、浄法、学生期法二一三〜二一四

第二章　アンコールの踊り子たち

一、はじめに

ここに語ることは、一九六六年と一九六七年の両夏に、カンボジアのアンコール遺跡でなした、野外調査でえた観察をもとに、その調査の成果を公開したものである。

この調査を行おうとした切っ掛けは、一九六五年の夏に、アンコール遺跡にちらばる、クメール寺院跡を踏査したさい、それらの大半の遺跡、その建物の身舎側壁に、必ずといってよいほど、高さが一メートル前後の女神像が、浮彫にされていた。その事実を、見出したことに、始まる。これらの女神の浮彫像は、何とクメール美術史の上で、アンコール王朝こと、古典期に多く彫り出された、古典期での明瞭な所産なのである。

さて、ここで語ろうとする意図を、簡単にのべると、第一に、クメール美術史上の古典期に建立された、多数の遺構、建物のうち、碑銘学的な研究によって、建立の年代が判明している建物を、十二ヶ寺とりあげる。その各々の身舎の側壁に彫られた、女神浮彫像を、時代順に列挙し、そこに、その女神像たちの姿の展開、変化していく流れを、明らかにしようとした。

第二に、その十二ヶ寺に見る十二種の作り、姿の展開を、第四章にて、大きく四つの様式に区分し、その古典期を通じてなされた、造像活動の傾向を、つかもうとした。

なお、今後、ここに公開した十二種類の女神浮彫像は、時代的な製作年代が定まった、各時代の作例としてあつかわれる。そこで、他の多くの建立年代の不明な遺構、建物にある女神浮彫像と、比較させることによって、逆に、その不明な遺跡、建物の時代的な位置を、推察しうる。その可能性を有した、貴重な基準作例なのである。

二、基本の全十二ヶ寺

先の十二ヶ寺の建物に見る、女神浮彫像を列挙、紹介する前に、ここで、野外調査の地理的な範囲、それらの建物の建立年代、この女神浮彫像、といった三点について、まず、語っておこう。

野外調査の範囲：先にのべたクメール遺跡、建物とは、美術史で「古典期」と称する、アンコール王朝時代（九〜十五世紀）の王都、アンコール周辺に建てられた寺院跡である。その王都とは、今日のコー・ケーにあった、チョク・ガルギャー都時代の短い一時期を除いて、すべてアンコール地域にあった。

つまり、ここでいう野外調査の範囲は、一般に調査の基地となる、シエムリアップ町の周辺、正しくは、この町を中心に、その北方一帯と、町より東へ十二キロの地点にある、ロルオッホの地をさしている。

建立年代：アンコール王朝時代の歴史は、主に碑文の解読によって知られ、この王朝に建てられた建物も、基本的に遺存もしくは出土した碑文の解明によっていた。すでにのべたように、アンコール地域にちらばった遺構の数は、実に多く、そのうち、碑銘学的に時代的な位置、つまり建立の年代が明確にわかっている寺院跡は、実に少なかった。ここでいう、碑銘学的に建立年代のわかっている寺跡とは、一般にフランス人の故セデス教授の業績に負うものである。この教授の碑文研究から導かれた、建立の年代に基くものであった。以下、その寺跡の名前と、その年代は、次の通りである（挿図16）。

①プリア・コー　八七九年
②バコン　八八一年
③ロレイ　八九三年
④プノン・バカエン　九〇〇年頃
⑤東メボン　九五二年
⑥プラエ・ループ　九六一年
⑦バンテアイ・スレイ　九六七年
⑧バープオン　一〇六〇年頃
⑨アンコール・ワット　十二世紀前半
⑩タ・プロム　一一八六年
⑪プレア・カン　一一九一年
⑫バイヨン　十二世紀末

女神浮彫像：ここで研究の対象となる、女神の浮彫像は、古来、フランス人の学者を中心に、「アプサラス」、もしくは「デーヴァター」と称された。アプサラスは本来、古代インドのバラモン教の聖典、『リグ・ヴェーダ』、『ブラーフマナ』、『マハーバーラタ』、『ラーマーヤナ』に登場し、一般に「舞女」、「天女」と訳された。後のヒンドゥー教の諸神の分類上、人文神の低級群神に属する女神、といわれる。

つまり、それらの聖典に見るアプサラスの意味を、要約すると、それは美しい天女で、常に偉大なお方につきそいて、その人を讃嘆・魅惑する威力をもった女神、と理解される。また、デーヴァターは、一般に低級群神の総称として、「神・女神」を意味するが、カンボジア語で「テーヴァダー」と称して、「女神・精霊」の意味に用いられている。

ともかく、こういった女神が、神聖な建物の身舎の側壁に彫り表されたことは、無論、建物自体を飾る、という装飾的な役割もあるが、建物の中の神聖な本尊に対する、讃嘆や慰霊・慰安の役をなす、供養女としての性格があった。

さて、これよりのべる女神の浮彫像は、各建物ごとに、その姿を異にしている。さらに、後でのべるが、バコンの中央塔堂、タ・プロム、プレア・カンといった例外をのぞいて、一つの建物の中に見られる、像の姿は、一つの建物において、統一性を有している。この二点は、これより列挙する各女神像の重要な特徴である。特に、その後者の点から、各寺跡より、一体ずつとりあげて、列挙していくこととする。

しかし、ここでは、それがあくまで、故セデス教授の建立年代にそくして、造られたという前提のもとに、様式的な整理、分類をなして、その展開を跡づけようとしている。

三、各寺の女神浮彫像

では、古典期を通じての、アプサラス女神像の展開をとらえる前提として、これより十二ヶ寺の建物の古い時代順に、各寺跡の概略をまじえながら、そのアプサラス女神の浮彫像の位置とその特徴について、順に紹介していくことにする（挿図16）。

この場合、アプサラス女神像の記述にあたり、その身体の姿勢と、後でのべる「様式」の設定上、最も明白な特徴を示す、腰衣《ようい》「ソンポット」の形、とに主眼をおき、この二点に限って、語っていくことになる。

① プリア・コー（八七九年建立）

シエムリアップ町の東十二キロの地点にあり、アンコール王朝の第三代目の王、インドラヴァルマン一世王（八七七〜八八九年）による造営。インドラヴァルマン一世王の母系の祖父母と、王の両親、それにアンコール王朝の初代王、ジャヤーヴァルマン二世王（八〇二〜八五〇年）と王の妻との、合計六人の霊を弔った、ヒンドゥー教シヴァ派の寺院である（図版5）。

この寺跡に見られる、アプサラス女神の浮彫像の位置は、同一の基壇上の全六基のうち、西列の三基塔堂の身舎側壁、その各龕内にある。これらの像は、すべて欠損していて、完全な像は、一体もなく、ただ観察の対象となる像は、全部で四ヶ所、つまり四体しかない。素材は、灰色砂岩。像高は、八十五センチある。全体の姿（図版4、挿図1）は、身体の全体が硬直した感じの、直立形であり、その頭部と両足は、真直ぐ正面を向いている。

腰衣の上部の形は、その上辺から、二つの食み出しを垂らしており、便宜上、その辺が弧状をなすものを、「弧状折り返し」と名付け、もう一つの三角形をした方を「三角形折り返し」と称する。つまり、その腰幅全体から見たその割合は、これより注目すべき重要な点であり、「弧状折り返し」が全体の三分の二を、「三角形折り返し」が残る三分の一を、それぞれに占めている。

② バコン（八八一年建立）

前のプレア・コーの南約一キロ半の地点にある。インドラヴァルマン一世王による造営。王都ハリハラーラヤの中心に築かれ、「神王」デーヴァラージャの「中心山」寺院として、古代インドの宇宙観のメール山を、建築上の構築やプランに具現している、といわれる。ピラミッド型

「寺院山」形式のヒンドゥー教シヴァ派の寺院である（図版7）。

アプサラス女神像の位置は、大別して全四ヶ所にある。すなわち、(一)方形基壇上を五層に積み重ねた、ピラミッド型の大建造物の最頂層上に、高く聳える中央塔堂の身舎側壁面、(二)そのピラミッド型の大建造物の第一基壇を除く、全基壇の各辺中央に設けられた、階段の左右の両脇側面、(三)同じくピラミッド型の大建造物の基底周囲に整然と配置された、八基の塔堂の身舎側壁の各龕内、(四)その八基の塔堂の一基である、東面入口から入って、右手すぐにある塔堂の、基壇の西側面に残った貴重な一体である。

以上の四ヶ所のうち、(一)と(二)とのアプサラス女神像を、次の事情から、研究の対象からはぶくこととなる。なぜならば、(一)の中央塔堂は、かつてバコンの装飾意匠や文様の研究から、バコンの創建より後の、十二世紀前半に、再建された建物と、推察された。

実際に、現在この中央塔堂に見られる、アプサラス女神像も、バコンの創建当時に造られた、他の像と比較すると、それらが様式上、九世紀後半の作りでないことが、一見にしてわかる。

次に、(二)のアプサラス女神像は、かつてアンコール古跡案内書の中に、その位置が記録されていたが、現在、それらは表面の剝落や風化があって、まったく姿を消してしまった。

さて、(三)のアプサラス女神像（図版6・挿図2）は、素材が漆喰で、像高が一三〇センチある。各像の表面は、幾分か剝落・風化している。全体の姿は、硬直した感じの直立形であり、その頭部と両足とは、プリア・コーの像と同様に、真直ぐ正面を向いている。

腰衣の形は、プリア・コーの像と同じく、先にのべた「弧状折り返し」と「三角形折り返し」とが、その上部から食み出している。その腰幅全体から見た各割合は、「弧状折り返し」が全体の四分の三を、「三角形折り返し」が残る四分の一を占めている。つまり、「三角形折り返し」の場合は、前代のプリア・コーの像よりも、幾分小さくなり、逆に、「弧状折り返し」が、大きくなっている点に、注目する。

次に、(四)のアプサラス女神像(挿図3)は、素材が灰色砂岩で、像高が一三〇センチある。全体の姿は、(三)と同様に硬直した直立形である。その頭部も真直ぐ正面を向いているが、両足は、(三)の像と異なり、左右に開いている。この両足の形は、後で述べるが、後のプノン・バカエンから出現する、像の形の特徴である。その先駆的な形が早くも、この像に現われたもの、と解される。腰衣の上部の形と、その腰幅全体に占める各割合は、(三)の像と同じである。

③ **ロレイ**(八九三年建立)

シエムリアップ町の東十二キロの地点にあり、前のバコンの丁度北に位置する。インドラヴァルマン一世王による灌漑事業は、王都ハリハラーラヤに、「インドラタターカ」と称する人工湖を掘ったとして知られる。その人工湖の中央の小島上に造営されたのが、このロレイである。この人工湖は、現在、水がない(図版9)。

ロレイは、アンコール王朝の第四代目の王、ヤショーヴァルマン一世王(八八九〜九〇〇年)による造営である。ヤショーヴァルマン一世王の母系の祖父母と、王の両親との、全四人の霊を弔った、ヒンドゥー教シヴァ派の寺院である。

アプサラス女神像の位置は、同一の基台上に四基の塔堂が配置された、その西列の二基塔堂の身舎側壁、その各龕内にある。観察の対象となる像は、その塔堂の八ヶ所、すなわち八体のみである。その他は、全て像の形を欠損、もしくは完全に喪失している。素材は、灰色砂岩、像高は、七十五センチある。

全体の姿(図版8・挿図4)は、前代と同様に、硬直した直立形であり、その頭部と両足とは、真直ぐ正面を向いて立つ。腰衣の形も、やはり「弧状折り返し」と「三角形折り返し」とを、腰衣の上部から食み出している。その腰幅全体から見た各割合は、「弧状折り返し」が全体の四分の三、「三角形折り返し」が残る四分の一を占めており、この割合は、バコンの場合と同じである。

④　**プノン・バカエン**（九〇〇年頃建立）

シエムリアップ町の北七キロの地点にある「プノン・バカエン」と呼ぶ、小高い山の頂上にある。ヤショーヴァルマン一世王は、王都ハリハラーラヤを放置し、八九〇年頃、そのプノン・バカエン山を中心に、新しい王都ヤショーダラプラを設立し、その地へ遷都した。すなわち、プノン・バカエンは、前代のハリハラーラヤ都のバコンに代わる、ヤショーダラプラ都の「神王」デーヴァラージャの「中心山」寺院となる。建築上の構築やプランは、インドの宇宙観のメール山を象った、ピラミッド形「寺院山」、五塔堂型式のヒンドゥー教シヴァ派の寺院である（図版11）。

アプサラス女神像は、最上の基壇上に配置された、五基の塔堂の身舎側壁、その各龕内にある。その観察の対象となる像は、中央塔堂の北面左側の一体と、東面右側の一体との、二ヶ所のみである。その他は、すべて姿を大きく欠損、もしくは完全に喪失している。素材は、灰色砂岩、像高は、一五〇センチある。

全体の姿（図版10・挿図5）は、やはり硬直した感じの直立形であるが、前代と違って、頭部が幾分横を向き、両足が左右に開いている。腰衣の形は、例の「弧状折り返し」と「三角形折り返し」とが、腰衣上部にあるが、その腰幅全体から見た各割合は、「弧状折り返し」が全体の十一分の十を、一方、「三角形折り返し」が残る十一分の一を、占める。それは弧状の方が、ほとんど腰幅の全体を占めてしまい、三角形の方が、下に折り返されずに、そのままそこにわずかに残る、ほどである（表紙図）。

⑤ 東メボン（九五二年建立）

シエムリアップ町の北東十二キロの地点にある。九二一年に、ジャヤーヴァルマン四世王（九二一〜九四一年）は、ヤショーヴァルマン一世王が設立した王都、ヤショーダラプラを放棄して、アンコールの北東、約六四キロの地点にあるコー・ケーに、新しい王都、チョク・ガルギャーを設立し、その地へ遷都した。

しかし、王都は、再び、ラージェンドラヴァルマン二世王（九四四〜九六八年）によって、アンコールへ返還される。すなわち、アンコールの再建者となった、ラージェンドラヴァルマン二世王は、第二次の王都、ヤショーダラプラの設立にあたり、ヤショーヴァルマン一世王によって掘られた、「ヤショーダラタターカ」と称する人工湖を、整備・復活させる。この人工湖は、現在、水がない。そして、前代のロレイのように、その人工湖の中央にある小島の上に、「寺院山」五塔堂型式の東メボンを建立したのである（図版13）。

東メボンは、ラージェンドラヴァルマン二世王による造営で、王とその祖先たちを祀った、ヒンドゥー教シヴァ派の寺院である。

アプサラス女神像の位置は、最上の基壇上に配置された、五基の塔堂の身舎側壁の各龕内にある。その像の表面は、剥落や風化していて、観察がしにくい。素材は、漆喰、像高は、一二〇センチある。

全体の姿（図版12・挿図6）は、やはり硬直した感じの直立形で、プノン・バカエンの像と同様に、頭部が幾分横に向き、両足も左右に開いている。腰衣の形は、「弧状折り返し」と「三角形折り返し」とが、腰衣の上部から食み出し、その腰幅全体から見た、各割合は、弧状の方が全体の四分の三、三角形の方が四分の一を占めている。この割合は、プノン・バカエンの像と、異なっている。

⑥　**プラエ・ループ**（九六一年）

シエムリアップ町の北東、約十一キロの地点にあり、先の東メボンの南、約一キロに位置する。ラージェンドラヴァルマン二世王による造営で、王自身、王の叔母、ハルシャヴァルマン二世王（九四二～九四四年）、ジャヤーヴァルマン四世王の妻、その他に祖先たちを祀った、ヒンドゥー教シヴァ派の寺院である。建築上の構築やプランは、東メボンと同様に寺院山五塔堂の形式によった（図版15）。

アプサラス女神像の位置は、最上の基壇上に配置された、五基の塔堂の、その身舎側壁の各龕内にある。全像の表面は、剝脱・風化しており、比較的保存のよい像の位置は、五基の塔堂のうちの一基のみで、すなわち、南西の塔堂が観察の対象となる。素材は、漆喰、像高は、一二〇センチある

全体の姿（図版14・挿図7）は、先の東メボンと同様、硬直した感じの直立形で、頭部が幾分横を向き、両足も左右に開いている。腰衣の形は、その上部が以前からの「弧状折り返し」だけとなり、それが全体に腰の周囲を、とりまくようになる。

⑦　**バンテアイ・スレイ**（九六七年建立）

シエムリアップ町の北東、二十一キロの地点にある。ラージェンドラヴァルマン二世王とジャヤーヴァルマン五世王（九六八～一〇〇一年）との王師、婆羅門ヤジュナーヴァラーハとその弟、ヴィシュヌクマーラによって造営された、実に美しいヒンドゥー教シヴァ派の寺院である（図版17）。

アプサラス女神像の位置は北堂と南堂との身舎側壁、その各龕内にのみあり、幾分の欠損はあるが、全像がかなり良好に保存されている。素材はバラ色の砂岩で像高は五十七センチある。

全体の姿（図版16・挿図8）は、これまでに記してきた硬直した直立形から、まったく一変した。身体を曲げ、くねらせた姿勢をとる。すなわち、二段屈ドヴィヴァンガの姿をとった、柔軟な感じの身体を、屈曲させた姿勢をなす（表紙図）。

腰衣の形も、同様に一変した。挿図8からわかるように、これも仮に名づけることにするが、茄子《なし》状の「衣角のような食《は》み出《だ》し」が、その上部中央から垂《た》れさがる。

⑧ バープオン（一〇六〇年頃建立）

シエムリアップ町の北、約十キロに位置し、都城跡アンコール・トムの囲壁の内部にある。ウダヤーディタヤヴァルマン二世王（一〇四九～一〇六六年）による造営。この建物は、第三次王都、ヤショーダラプラの中心に築かれ、「神王」の「中心山」寺院としての、ヒンドゥー教シヴァ派の寺院である（図版21）。

この寺跡のアプサラス女神像は、一九六六年の実地踏査の際には、修復工事中のため、わずかに三体しか観察をしなかった。すなわち、（一）第一基壇上の東面の楼門の二体と、（二）第二基壇上の西面の楼門の一体とである。素材は、すべて灰色砂岩で、像高は、八十五センチある。

まず、（一）の二体の女神像は、両像ともに欠損し、完全ではないが、両像の姿が同一であることから、挿図9は、不完全な両像をつぎあわせて、完全な一体の像にして描き出した。全体の姿（図版18・挿図9）は、二段屈ドヴィヴァンガをとった柔軟な感じの、身体を屈曲させた姿勢である。

腰衣の形は、バンテアイ・スレイよりも幾分小さい、先にのべた「衣角のような食み出し」を、その上部の中央から垂れさげる。次に、（二）のアプサラス女神像（図版20・挿図10）は、（一）

と同様に、柔軟な感じの身体を、屈曲させた姿勢であるが、この場合、さらに曲がって三段屈トリヴァンガをとっている。腰衣の形は、(二)と同じく「衣角のような食み出し」を、その上部中央から垂れさげる。

⑨　アンコール・ワット（十二世紀前半建立）

シエムリアップ町の北北東、六キロの地点にある。スーリャヴァルマン二世王（一一一三〜一一四五年？）による造営。スーリャヴァルマン二世王を「パラマヴィシュヌローカ」という死後の諡号で、ヴィシュヌ神と同格の「神王」デーヴァラージャとして祀った、ヒンドゥー教ヴィシュヌ派の寺院である。そこで、その王の諡号は、最勝ヴィシュヌ世界に（再生せる）、という意味である（図版23）。

アンコール・ワットのアプサラス女神像は、実にその総数が多く、すでに一七三七体もあると報告された。すなわち、その詳細な位置は、次の通りである。

外周の囲壁の楼門（西楼門、東楼門、南楼門のみ）、第一廻廊の楼門と隅閣の外側と内側、卌型柱廊、第一基壇上の南北両経蔵、第二廻廊の外側と内側、第二基壇上の南北経蔵、第三廻廊の外側と内側、中央祠堂。以上の各身舎側壁の壁面に、彫り出された。素材は、灰色砂岩、像高は、場所によって異なるが、一メートル前後である。

アンコール・ワットのアプサラス女神像は、すでに精緻な分類研究がなされ、主にその頭部の形、宝冠と髪型に、はっきりとした多様性が認められている。このことから、図版22・挿図11は、その頭部の形とともに、全体の姿がアンコール・ワットで最も多く、平均的な姿の一体を、ここに示した。

つまり、全体の姿は、再び一変する。もはや前代で見たような、身体が屈曲した姿勢の像ではなくなる。それは一般にプロポーションがよく、実に華奢で繊細優美な身体となる。

腰衣の形は、以前までの「食み出し」と称してきた形式が消え去り、ここで仮に名づけた「垂下した装身具」と、同じく仮称で「垂下した細長い衣端」とが、新たにその上部から垂れさがる。両足は、同一方向に横向きに並べられ、腰衣があたかも、透薄《とうはく》でもあるかのように、腰衣から両足が盛りあがって、彫り出される（図版24）。

⑩ **タ・プロム**（一一八六年建立）

シエムリアップ町の北北東、九キロの地点にあって、ジャヤーヴァルマン七世王（一一八一～一二〇一年）による造営。本尊は、般若波羅蜜多像である。ジャヤーヴァルマン七世王の母、ジャヤラージャチューダーマニの御霊を弔った仏教寺院であった（図版27）。

タ・プロムのアプサラス女神像は、アンコール・ワットと同様に、その数が多い。この寺跡の中心主要部の中での、アプサラス女神像の位置は、第二廻廊と第三廻廊の囲壁面をのぞく、すべての身舎側壁の各龕内にある。

タ・プロムは、碑文上の一一八六年以降、一二二〇年まで、中心主要部が改築、ないし増築されたため、ここでは、創建当時の構築部とみなされる、建物の個所をとりあげる。すなわち、それは、第二廻廊と連接した東面の複雑な構築部をのぞいた、第一廻廊に彫られたアプサラス女神像を、研究の対象とした。

図版26、挿図12の像は、その構築部で観察される、最も一般的で典型的な一体の像を、ここに示した。素材は、灰色砂岩で、像高は、八〇～八五センチある。全体の姿はアンコール・ワットの像のように華奢で繊細優美な身体であるが、作りが一般に前代の像よりも拙劣《せつれつ》で生気に欠ける。

腰衣の形は、アンコール・ワットで見た、先の「垂下した装身具」が、その上部の左右から垂れ、ここでは前代の「垂下した細長い衣端」は、もはや見られない。

⑪　**プレア・カン**（一一九一年建立）

シエムリアップ町の北、十一キロの地点にあり、ジャヤーヴァルマン七世王による造営。本尊は、世自在菩薩こと、観世音菩薩である。ジャヤーヴァルマン七世王の父親、ダラニーンドラヴァルマン二世王の御霊を弔うための仏教寺院である（図版29）。

プレア・カンの中心主要部のプランは、非常に複雑で、アプサラス女神像の位置は、タ・プロムと同様に、その数が多く、すべての身舎側壁の各龕内にある。そのため、図版28・挿図13の像も同様に、プレア・カンで多く見られる、最も一般的で典型的な姿の一体を、ここに示した。

素材は、灰色砂岩で、像高は、八〇～八五センチある。全体の姿は、その作りが前代の像よりも、さらに拙劣《せつれつ》で、生気に欠ける。プロポーションが悪く、全体に腰から下が、短くなる。腰衣の形は、アンコール・ワット以来に見た、「垂下した装身具」がその位置を移して、その上部の中央から垂れるようになる。タ・プロムの像で見た、もう一つの装身具は、像の後ろ側にあるはずである。

⑫　**バイヨン**（十二世紀末建立）

シエムリアップ町の北、九キロの地点に位置し、都城アンコール・トムの囲壁内の中央にある。ジャヤーヴァルマン七世王による造営。ジャヤーヴァルマン七世王によって設立された、「カンブプリー」と称する、第四次王都ヤショーダラプラの「中心山」寺院である。その中央祠堂の基底部より、王を肖像化した巨大な蛇上仏が、発見された。そこで、王を「仏王」ブッダラージャとして祀った、仏教寺院であったとみなされた（図版31）。

バイヨンのアプサラス女神像は、アンコール・ワットの像と同様に、その数が多い。その細かな位置は、第一廻廊の楼門と隅閣の外側、第二廻廊の楼門と隅閣の外側、第一階の中庭の南北両経蔵、第三階（十字形テラス）上の八基の塔堂、第三階へ登る東面各階段の左右、中央祠堂（円形部に連接した方形の前室部を含む）の、各身舎側壁の龕内にある。

図版30・挿図14のアプサラス女神像も、一般的で典型的なバイヨン特有の姿を、ここに示した。素材は、一般に灰色で、他に赤味、緑味、青味、茶味がかった砂岩であり、像高は、一一〇〜一二〇センチある。

全体の姿は、上半身がアンコール・ワットのように、華奢で繊細優美な作りであるが、下半身は、平面的で肉付けのない腰衣となる。腰衣の形は、プレア・カンと同様に、折りたたまれずに垂れる「垂下した装身具」が、その上部中央から垂れさがり、おそらく、もう一つがプレア・カンと同様に、像の後ろ側にあるものと思われる。

四、区分と様式の設定

以上、前の章にて、基本的な姿となる、十二種のアプサラス女神像を、時代順に語ってきた。次に、その全体を通じての像の展開を、改めて眺めるなら、全体の姿と腰衣の形の二点について、その同類の形の整理によって、明らかに四つのグループ、四つの様式に分類されることに気づく。ここでは、それらを、「初期型」、「前期型」、「中期型」、「後期型」、と名づけることにする。その四つの様式は、次のような各特徴によって、区分される。挿図15を参照されたい。

初期型：プリア・コー、バコン、ロレイに見るアプサラス女神像の形。この三ヶ寺は、政治史上、王都がロルオッホのハリハラーラヤ都にあった時、造られた建物であったことから、このタイプを別称で、「ハリハラーラヤ期様式」とも、呼びうる。

その共通した特徴は、第一に、全体の姿が、硬直した感じの直立形である。また、その頭部と両足とが、真直ぐ正面を向いている。第二に、腰衣の形がその上部に、「弧状折り返し」と「三角形折り返し」との両折り返しを、見せている点である。

特に、この両折り返しについて注目すべきことは、時代とともに、その両者の腰幅の全体に占める割合が、「三角形折り返し」の場合、次第に小さくなり、逆に「弧状折り返し」の場合、大きくなっていく。「三角形折り返し」を例にとるなら、それがプリア・コーでは、腰幅全体の三分の一を占めるが、後のバコンやロレイに至っては、全体の四分の一と、小さくなっていくことが、認められる。

前期型：プノン・バカエン、東メボン、プラエ・ループに見られる、アプサラス女神像の形。その共通した特徴は、第一に、全体の姿が「初期型」と同様に、硬直した感じの直立形であるが、頭部が幾分横を向き、両足が左右に開いてしまっている。第二に、腰衣の形は、弧状折り返しが、ほとんど腰衣の全体を占めて、その割合が、プノン・バカエンで十分の一を、その後のプラエ・ループでは、完全に腰の周囲を、とりまくほどになっている。

ただし、ここで例外となる像は、東メボンのアプサラス女神像の全体の姿が、「前期型」として区分されるのに、なぜその腰衣の形が両「折り返し」を食み出した、「初期型」の形をとっていたのか、である。このことについては、次のように解釈ができる。

すなわち、第一に、東メボンのアプサラス女神像の龕の意匠と、その砲弾型の外郭線は、ロレイのそれと、まったく類似している。挿図4と挿図6とを、参照されたい。第二に、東メボンのアプサラス女神像の両「折り返し」の、腰幅の全体に占める各割合が、三対一（「弧状折り返し」対「三角形折り返し」）であり、明らかにロレイの像と同一であることが、指摘される。

これは、東メボンが前代のロレイのように、人工湖の中央の小島上に建てられた、という共通性があった。東メボンの建築は、前代のロレイを意識に入れて造営された。したがって、そのアプサラス女神像も、ロレイの像を意識して造られた。そのため、東メボンの女神像は、その全体の作りが当時の様式にのって、表現されたが、腰衣の形は、建築と同様に、前代のロレイ風に仕上げたのであった。

中期型：バンテアイ・スレイ、バープオンに見られる、アプサラス女神像の様式。その共通した特徴は、第一に、全体の姿が柔軟な感じの屈曲した姿で、二段屈や三段屈の姿勢をとる。第二に、腰衣の形が「衣角のような食《は》み出し」を、その上部中央から垂れさげている点にある。

後期型：アンコール・ワット、タ・プロム、プレア・カン、バイヨンに見られる、アプサラス女神像の様式。その最も注目する共通の特徴は、腰衣の形にある。「垂下した装身具」が、一貫して腰衣の上部から垂れている点にある。

その位置は、アンコール・ワットとタ・プロム　で、腰衣の左右に、プレア・カンとバイヨンとでは、その正面中央にあり、その位置を、ずらし転じている。挿図12より挿図14までを、参照されたい。

五、四期の様式の変化

以上、アンコール王朝の建物のうち、碑文を通じてその時代的な位置のわかっている寺跡の、アプサラス女神浮彫像を、十二種とりあげた。その古典期を通じての姿の展開を明らかにし、その上で、四つの「様式」に区分し、設定するに至らしめた。

そこで、最後に、その四つの様式の系譜を、再び眺めるなら、それらがさらに大きく、三期に分けられる。すなわち、「初期型」「前期型」に見た、直立した姿の時代を、「第一期」とする。「中期型」の腰を曲げた姿の時代を、「第二期」とする。そして、「後期型」の「垂下した装身具」をつけた、舞踏衣裳の姿の時代を、「第三期」とした。このように改めて名づけて、わかりやすくした。

そこで、この三期を、アプサラス女神像がまとう衣裳から見ていうなら、第一期と第二期との像は、当時の腰衣をまとった高貴な女性の姿である。そして、第三期の像は、舞踏衣裳を着用していることから、当時の宮廷や寺院の踊り子たちの姿を、そのままアプサラス女神像に託《たく》して、表現したものである。

また、各期内において、最も作りの優れたアプサラス女神像を、指摘すると、次の通りである。第一期では、プノン・バカエンの像を、第二期では、バンテアイ・スレイの像を、第三期では、アンコール・ワットの像となる。

それらは、すべて、あたかも各様式の規範《きはん》的な作品のように、そのような模範《もはん》的な作り方の起点となっている。その起点作は、各期の時代内で継続され、やがてその作りを、少しずつ低下、衰退させていった。いいかえると、この各期内で起きた造像上の現象は、新作の創造、それに基づく作風の継承があった。そこで、その規範作が低下、衰退していってしまうと、再び、新しい作りが誕生して、それにしたがって展開したのである。

　このようなくり返しが、この長いアンコール王朝時代、古典期を通じて、明らかに、三度もあった事実を、認めた。それはまた、代々続いて造像活動をなしてきた、クメール彫工たちの、女神崇拝の形跡を物語っている。

　その造像活動は、クメール古典期全体の流れを通じて、再び遠望すると、結果的には、最も写実性と力量感のあふれた、プノン・バカエンの作柄が、最頂点である。すでに語ったように、その後、再興の精進はあったにせよ、作りが時代の流れとともに、少しずつ下降していったように、感じられてならないのである。

六、おわりに

アンコール王朝時代の寺院に表された、アプサラス女神浮彫像は、三度、その姿を変えた。それはなぜかと考えるに、先にのべた初期型から前期型への様式の変化は、王都の遷都《せんと》によったからであろう。すなわち、ハリハラーラヤ都からヤショーダラプラ都へである。遺跡でいうと、ロレイからプノン・バカエンへ移る時に起きた。これは新都ヤショーダラプラの創設に当たり、当時の彫刻師が意志を高くして、新様式を誕生させたからである。

　その後、前期型から中期型への変化は、中期型の先駆的な役、バンテアイ・スレイの建立者、ヤジュナーヴァラーハの力量によったのだろう。それは、この国師の力量によって、アプサラス女神像の姿を、先アンコール期、真臘《しんろう》期（六〜八世紀）の女神像の姿に、復古させたからである。当時の王都、イーシャーナプラの都跡、ソンボー・プレイ・クックのN七塔の身舎側壁には、腰を曲げた姿の女神浮彫像が、残っている（図版19）。

その後、中期型から後期型へ変わる、先駆的な女性浮彫像の出現は、アンコール・ワットである。アプサラス女神像の腰衣の左右には、以前になかった物がぶるさがる。この装身具は、アンコール・ワットの建立者、スーリャヴァルマン二世王の治世より以後に、流行した。装身具とは、腰の帯の個所にさし入れた布製の飾り物である。これは、踊り子たちの衣裳なのである。

先にのべた後期の踊り子たちの様子を描写した浮彫図（図版25）が、アンコール・ワットの第一廻廊の北西と南西の各隅閣の中に、残っている。また、後の一一八六年のタ・プロム、その寺跡の碑文には、当時の境内に、六一五人もの踊り子たちがいたことを、記していた。

踊り子たちは、確かに当時の寺院にいたのである。踊りを舞った建物の跡が、実際に後期の遺跡、寺跡内に残っている。それらは、かなり広いスペースをもつ。先のタ・プロムの中央主要部、囲壁外の東側大広間、プリア・カンの中央主要部、囲壁内の東側大広間、バイヨンの中央祠堂の東側第十四堂がそれである。

神仏の前での踊り子たちによる舞踊は、本来、古代インドのヒンドゥー教寺院で発達した。その踊り子たちは、天女アプサラスをかたどっており、その御姿をそのまま、寺の側壁に彫りださせた。したがって、ここでの女神浮彫像は、各時代の美しき高貴な女性、もしくはかわいい踊り子たちの姿を、そのまま、寺院の壁面に、写しだしている（図版1・2）。

そのため、いいかえると、これまでに見せてきた、各時代の女神浮彫像は、その当時、最もすばらしいとされた、宝冠、衣裳、装身具を、頭や身体につけている。それらは、そのまま、各時代の、クメール人女性の代表的なファッションとして、見せていたのである。

図版1　クメール古典舞踊、
Nokor khmer, No.3, Mr. Sim Var
(Editor-in-chief), 1970より

図版2　クメール古典舞踊、
Nokor khmer, No.3, Mr. Sim Var
(Editor-in-chief), 1970より

図版３　天女アプサラス、アンコール・ワット、12 世紀前期、砂岩製

挿図 1　プリア・コーの女神図、図版 4

図版 4　天女アプサラス、プリア・コー、
879 年建立、高 85㎝、砂岩製

図版 5　プリア・コーの全景、アンコール遺跡群、
ロルオッホ、879 年建立、レンガ建て

挿図２　バコンの女神図、図版６

図版６　天女アプサラス、バコン、881 年建立、高 130㎝、漆漆喰

図版７　バコンの中央塔堂とインドラヴァルマンⅠ世王の王妃の肖像、881 年建立、アンコール遺跡、ロルオッホ、砂岩建て、砂岩製肖像、王妃の腰衣も天女アプサラスと同じ形

挿図３　バコンの女神図

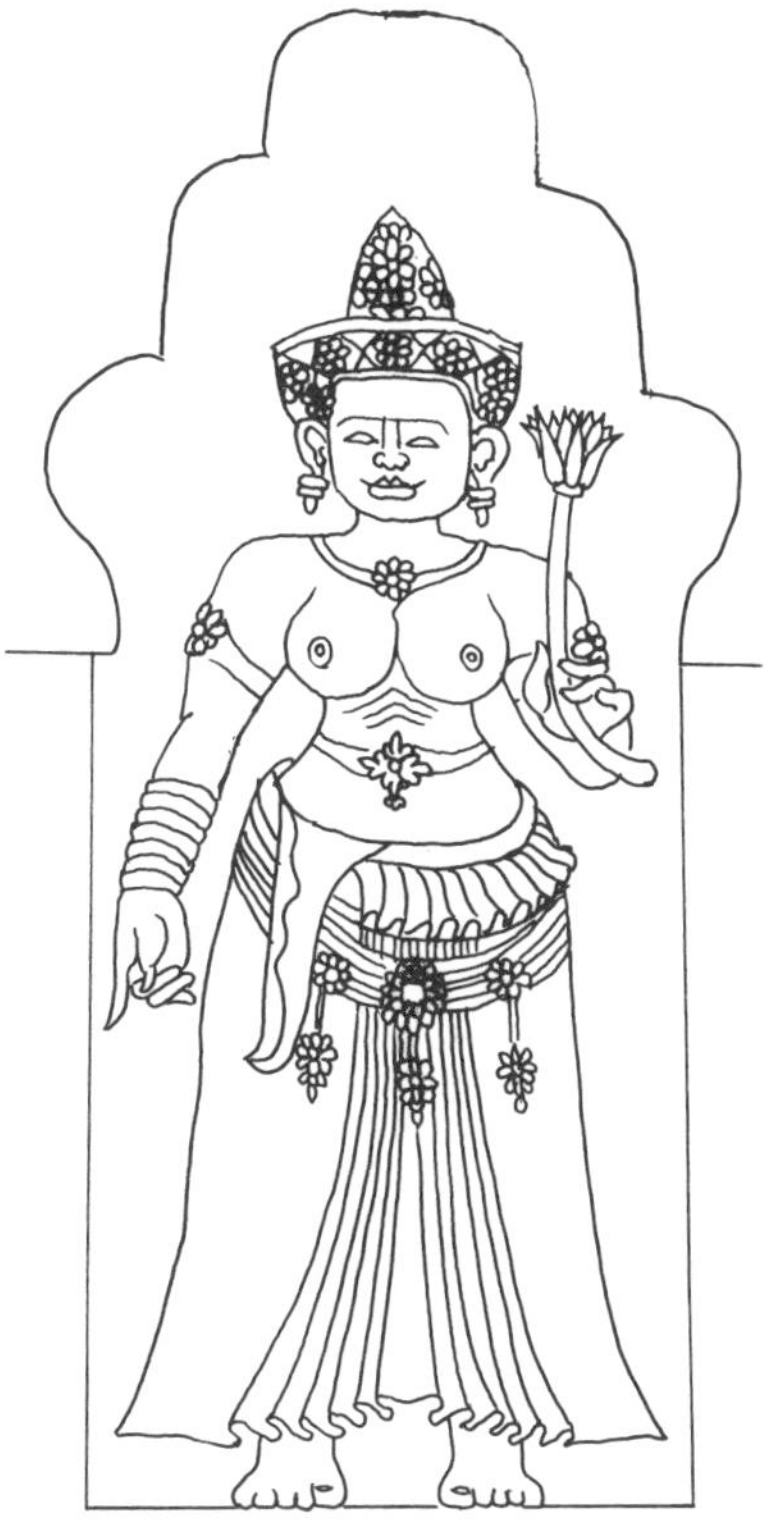

挿図4　ロレイの女神図、図版8

図版8　天女アプサラス、ロレイ、893年建立、
高75cm、砂岩製

図版9　ロレイの東側の塔堂二基、893年建立、レンガ建て、
人口湖インドラタターカの中央に造営

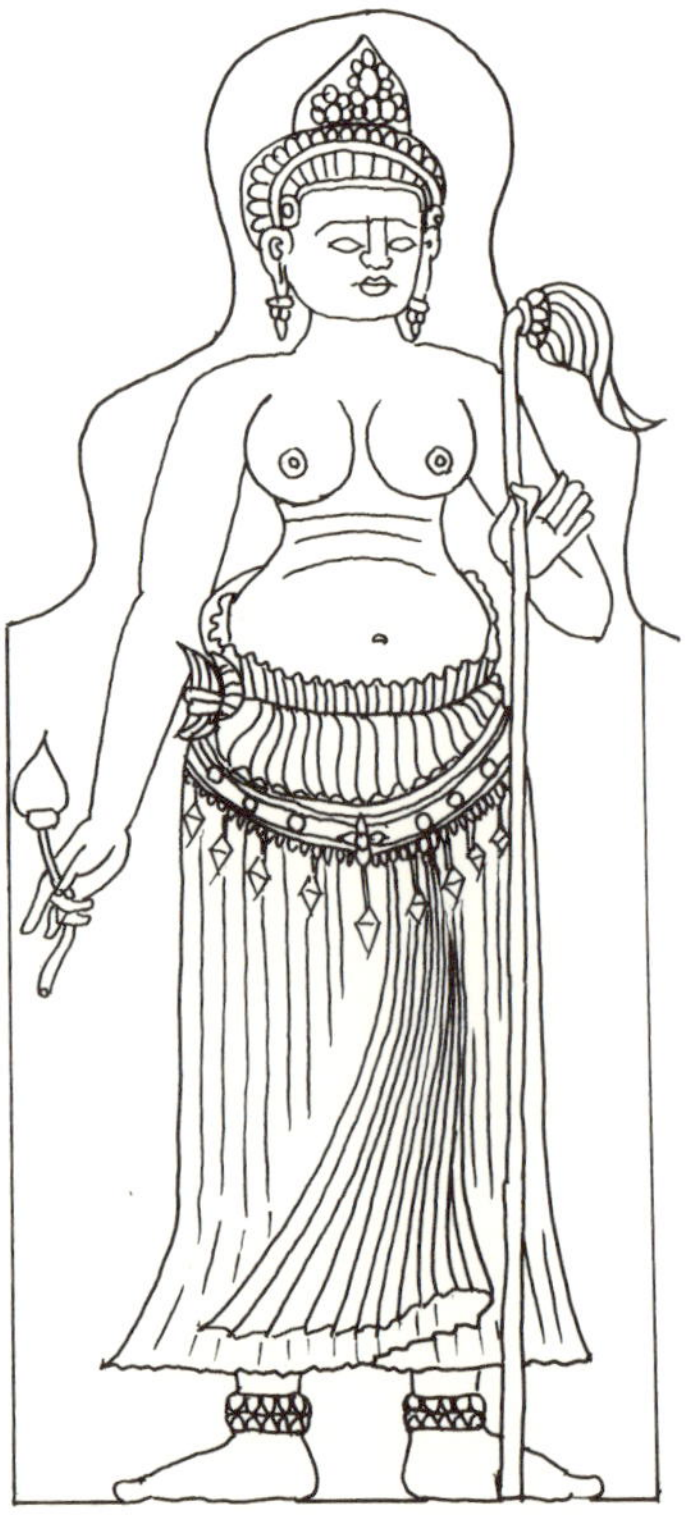

挿図5　プノン・バカエンの女神図、図版10

図版10　天女アプサラス、プノン・バカエン、中央塔堂に残る、900年頃建立、高150cm、砂岩製、1980年代撮影

図版11　プノン・バカエン、山頂に建つ、900年頃建立、1980年代撮影

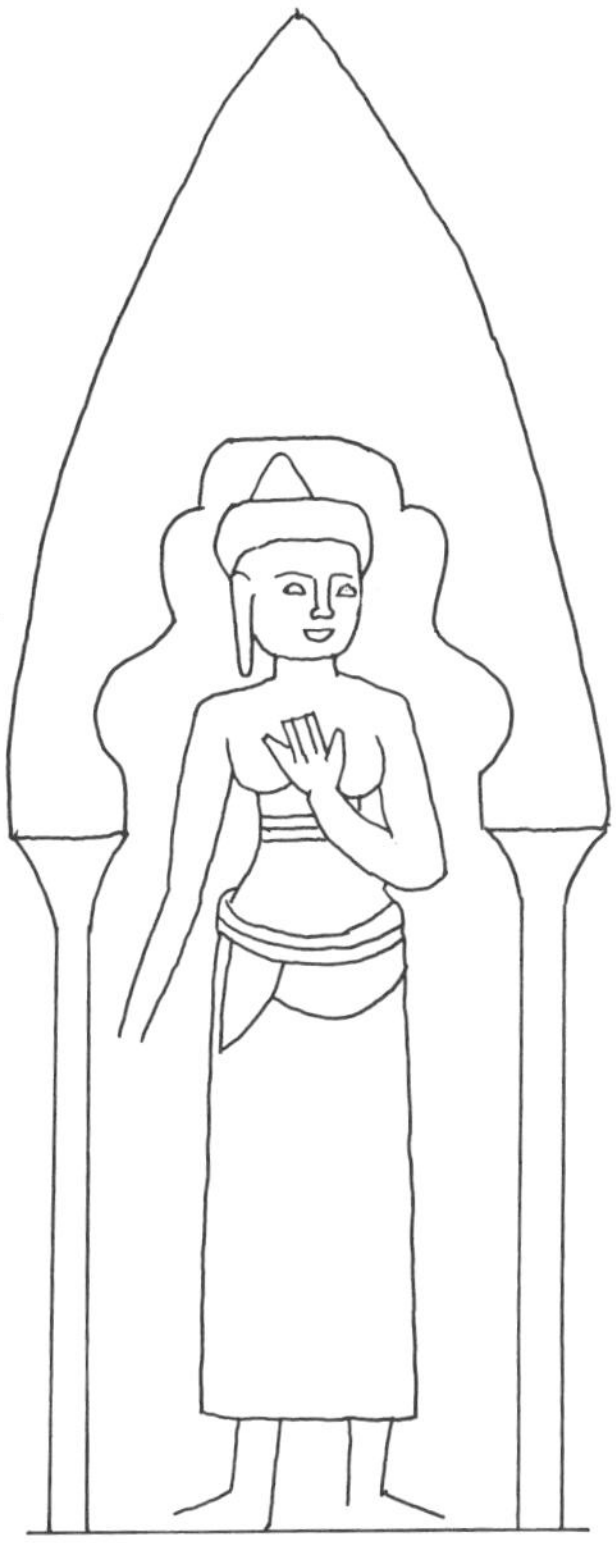

挿図6　東メボンの女神図、
図版12

図版12　天女アプサラス、東メボン、952年建立、
高120㎝、レンガ面に漆喰製

図版13　東メボン、952年建立、レンガ、ラテライト、砂岩建て、
人口湖ヤショーダラタタークの中央に造営

挿図 7　プラエ・ループの女神図、
図版 14

図版 14　天女アプサラス、プラエ・ループ、
961 年建立、高 120cm、漆喰製

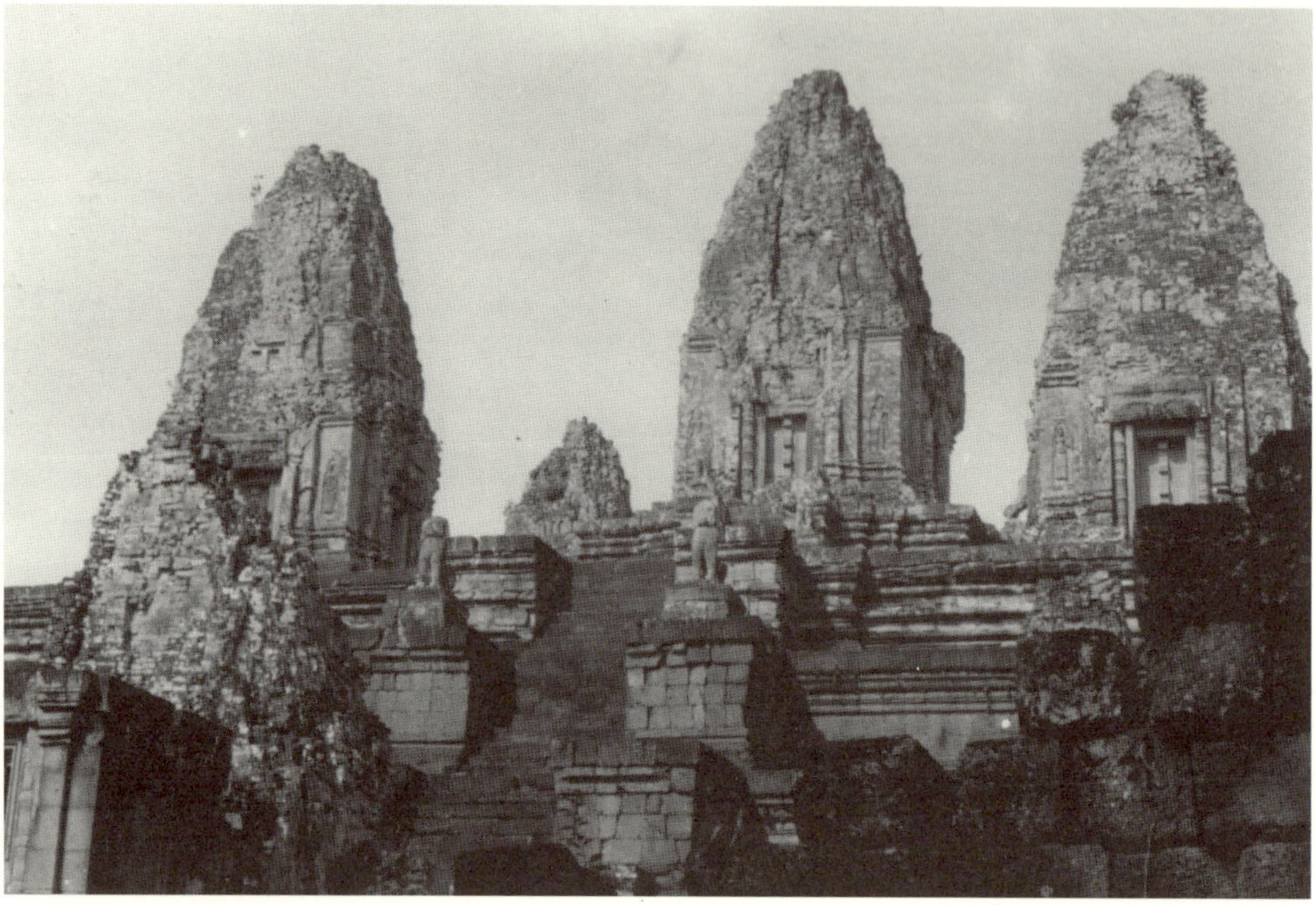

図版 15　プラエ・ループ、961 年建立、レンガとラテライト建て

挿図 8　バンテアイ・スレイの
女神像、図版 16

図版 16　天女アプサラス、バンテアイ・スレイ、
967 年建立、高 57cm、砂岩製

図版 17　バンテアイ・スレイ、967 年建立、砂岩建て

挿図 9　バープオンの女神像、
図版 18

図版 18　天女アプサラス、バープオン、
1060 年頃建立、高 85㎝、砂岩製

図版 19　天女アプサラス、左右の二体、イーシャーナプラ都跡、ソンボー・プレイ・
クックの北群第七塔の身舎側壁、コンポン・トム州、7 世紀建立、レンガ製

挿図 10　バープオンの女神像、
図版 20

図版 20　天女アプサラス、バープオン、
1060 年頃建立、高 85㎝、砂岩製

図版 21　バープオンの全景、1060 年頃建立、砂岩建て、1968 年撮影、砂岩建て

挿図 11　アンコール・ワット
の女神図、図版 22

図版 22　天女アプサラス、アンコール・ワット、
12 世紀前半建立、高 1m 前後、砂岩製

図版 23　アンコール・ワットの全景、12 世紀前半、砂岩建て、西側参道より望む

図版 24　天女アプサラス、アンコール・ワット、
12 世紀前半、高 1m 前後、砂岩製

図版 25　踊り子たちの様子、アンコール・ワットの廻廊浮彫、12 世紀前半、砂岩製

挿図 12　タ・プロムの女神図、図版 26

図版 26　天女アプサラス、タ・プロム、アンコール遺跡群、1186 年建立、高 80～85㎝、砂岩製

図版 27　タ・プロム、アンコール遺跡群、1186 年建立、砂岩建て

挿図 13　プレア・カンの女神図、
図版 28

図版 28　天女アプサラス、プレア・カン、
アンコール遺跡群、1191 年建立、
高 80～85㎝、砂岩製

図版 29　プレア・カン、アンコール遺跡群、1191 年建立、砂岩建て

挿図14　バイヨンの女神図、
図版30

図版30　天女アプサラス、バイヨン、12世紀末建立、高80〜85㎝、砂岩製

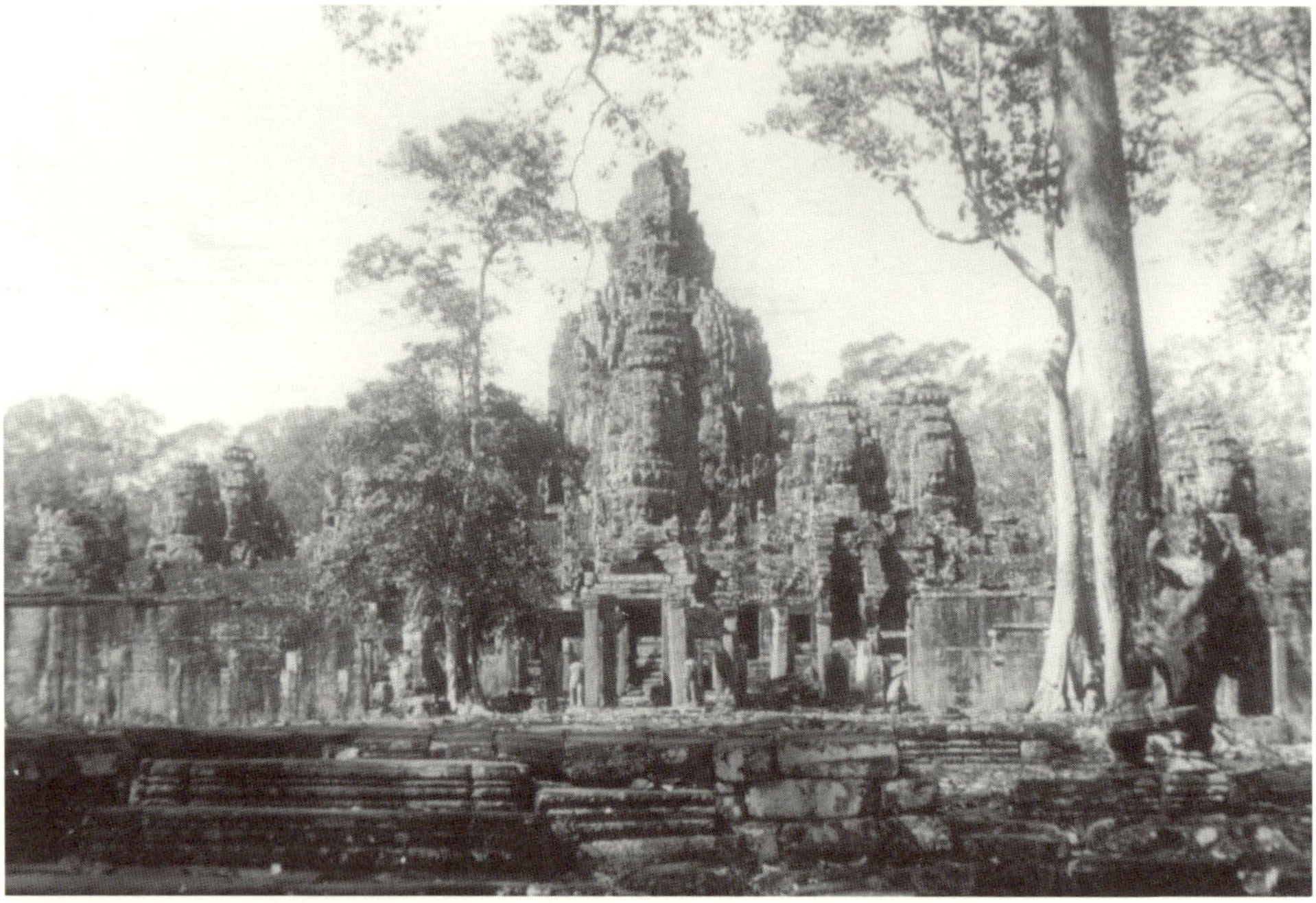

図版31　バイヨン、都城アンコール・トムの中心寺院、
12世紀末建立、東側入口より望む

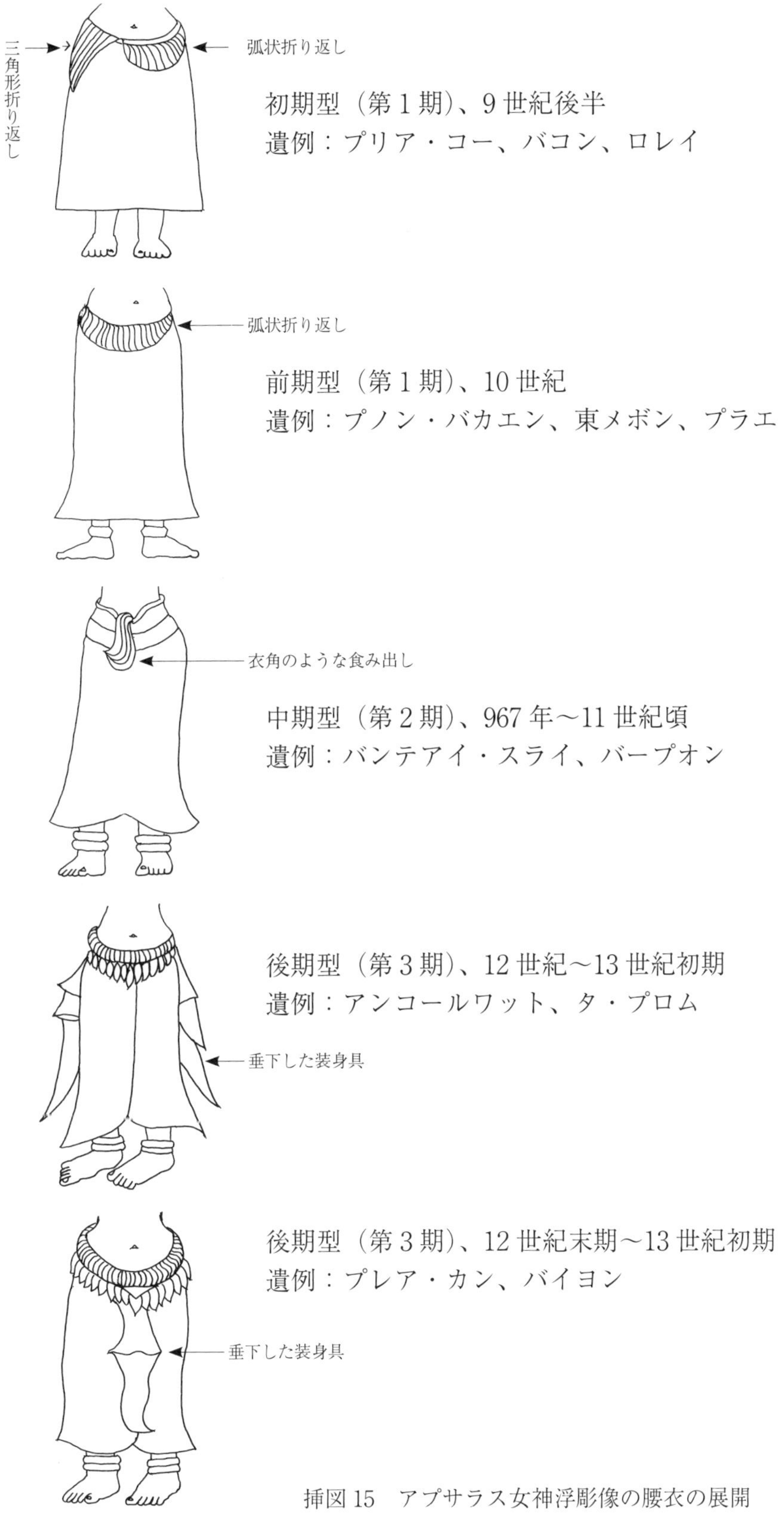

初期型（第1期）、9世紀後半
遺例：プリア・コー、バコン、ロレイ

前期型（第1期）、10世紀
遺例：プノン・バカエン、東メボン、プラエ・ループ

中期型（第2期）、967年～11世紀頃
遺例：バンテアイ・スライ、バープオン
後期型（第3期）、12世紀～13世紀初期
遺例：アンコールワット、タ・プロム

後期型（第3期）、12世紀末期～13世紀初期
遺例：プレア・カン、バイヨン

挿図15　アプサラス女神浮彫像の腰衣の展開

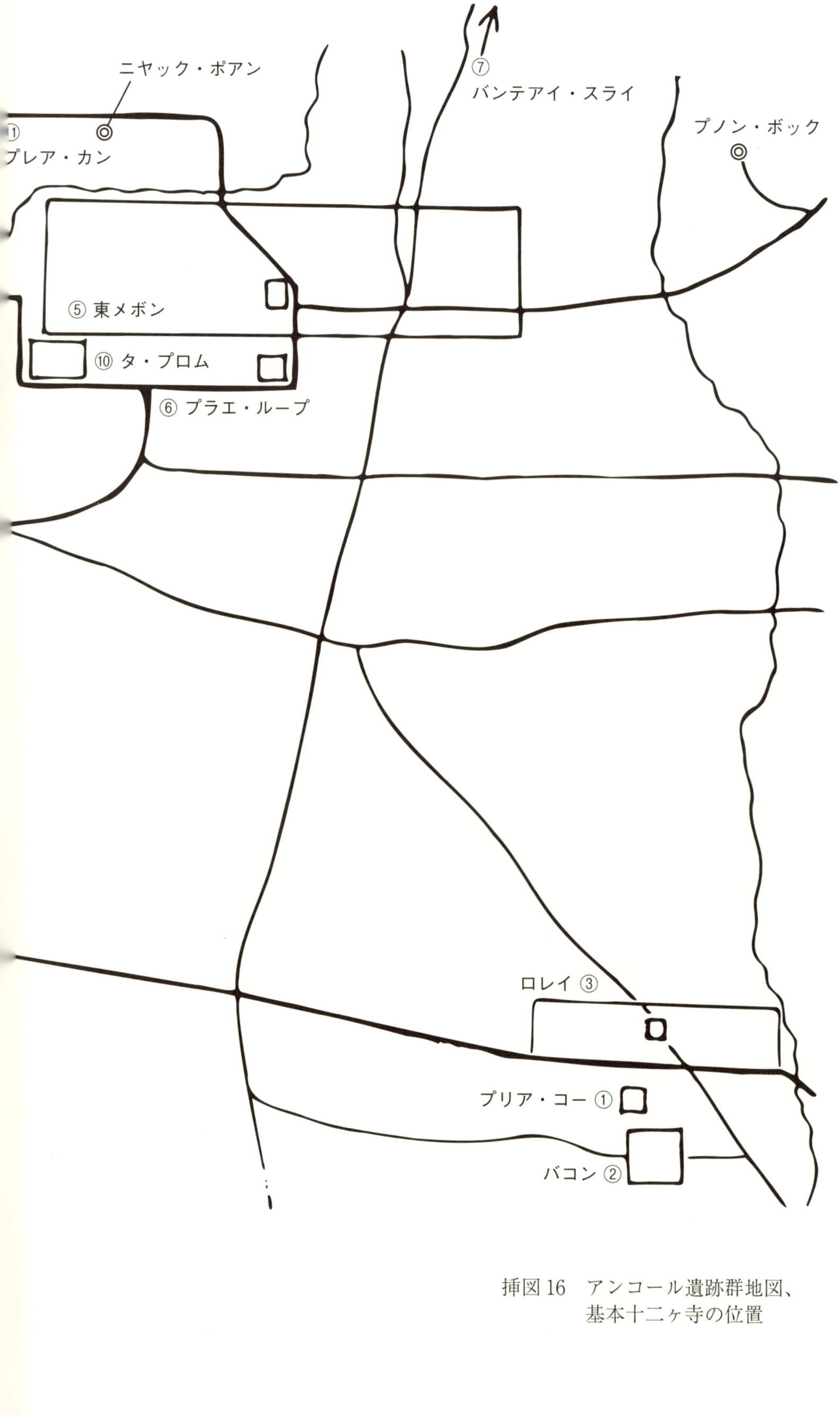

挿図16　アンコール遺跡群地図、
基本十二ヶ寺の位置

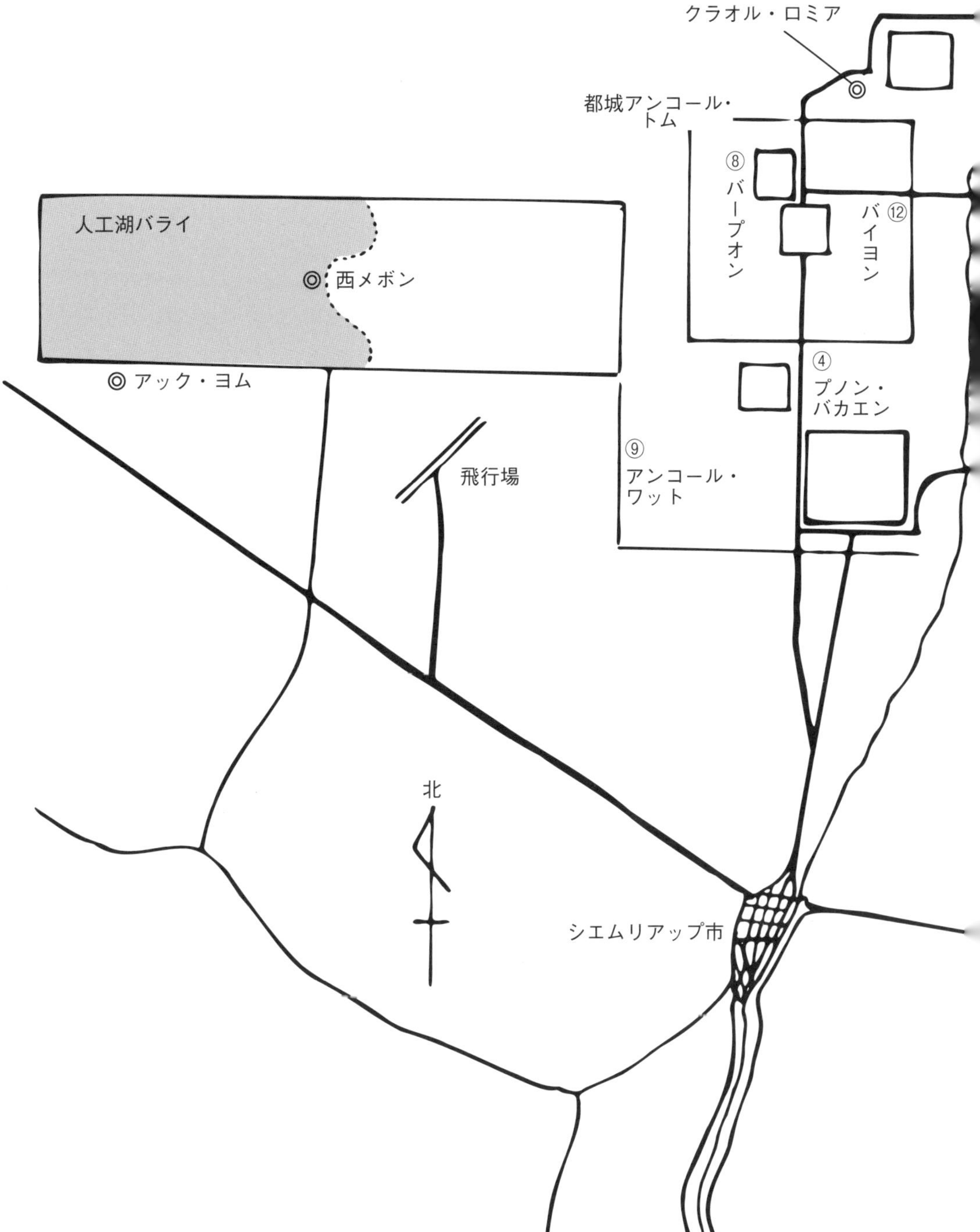

クラオル・ロミア
都城アンコール・トム
⑧バープオン
⑫バイヨン
人工湖バライ
西メボン
アック・ヨム
④プノン・バカエン
飛行場
⑨アンコール・ワット
北
シエムリアップ市

第三章

プノンペン博物館の名品

一、はじめに

カンボジアのクメール美術史は、クメール族による、石造彫刻が主体である。宗教は、ほとんどがヒンドゥー教で、時に仏教が信奉された。そのため、インド伝来のヒンドゥー教美術で、わずかに仏教美術が加わっている。

それらの名品は、今日、プノン・ペン市にある、プノン・ペン国立博物館に、陳列されている。この博物館は、一九二〇年、大正九年に開設され、長くフランス極東学院の運営によった、と聞く。一九六〇年代後半に、この博物館へたびたび訪れ、石彫の鑑賞と写真撮影をなした。

その後、不幸にも、一九七五年から一九七九年の期間に、博物館は閉鎖し、特に、一九七九年、昭和五十四年には、内戦で悲惨だった。この想い出ぶかい、赤色のクメール式建築の博物館は、今や、すっかり活気をとりもどし、美しくなった（図版33・34）。

一層の繁栄がありますように、と念じつつ、クメール彫刻の廻廊式陳列室にある、美術品の傑作類について、特に石彫、丸彫を中心に、語ることとなる。見方は、あまり従来の選択にとらわれず、自由に見た印象を主に、のべてまいりたい。

そこで、各彫像の特徴は、特に、腰にまいていた腰衣《ようい》にある。その形が、時代とともに変わっていく。そのため、各像の腰衣の線を、しっかりとつかんでおかねばならない。そのために、スケッチ図を、挿図として、この本の中に入れておいた。

古くから、クメール美術は、主にフランス人の学者によって、研究が進められ、美術の時代区分を「様式」でもって、分類した。この様式がわが国、日本にて訳され、紹介されてきた。この様式は、一時代、もしくは一人の王の時代に、好まれ流布した形で、共通した一つの型を指す、意味がある。

　ここでは、プノン・ペン国立博物館の各作品に、表示された様式の名称に、したがっていく。そこで、この本での趣旨は、クメール美術史の展開を、理解していただくためにある。つまり、ここでとりあげる作品でもって、日本に紹介されてきた、各様式の内容を、より一層、明白に示そうとした。これによって、各様式の作品は、よりわかりやすく、またより親しみやすくなるはずである。

二、様式の区分

　クメール美術史上の時代区分は、大きく二期に分けられる。古い方を「先アンコール期」、その後を「アンコール期」と呼ぶ。前の方は、カンボジアの最古の王国、扶南《ふなん》国の「扶南《ふなん》期」（二世紀末〜六世紀前期）と、真臘《しんろう》国の「真臘《しんろう》期」（六世紀中頃〜八世紀末）とをさす。一方、後の方は、アンコール帝国（九世紀初め〜十五世紀前期）にあたる。

　以上の長い期間のうち、クメール美術史上の彫像の展開は、扶南期の終わり頃、六世紀前期より、アンコール帝国の終わり頃、十五世紀前期までをさす。いいかえると、クメール彫像、石彫は、扶南期の終わり頃、六世紀以後の作品が、今日まで、残っているのである。

　この約一千年の長い間、ヒンドゥー教と仏教の尊像は、さまざまに形を変えていった。その変化の様子を理解する上で、美術史では、まず各時代に流行した、特異な様相をもって区分し、それぞれに「様式」という名称をつけた。この様式の移り変わりは、次の通りである。なお、各様式には、各時代の王が位置づけられ、その王名と統治年代も、記しておく。

（一）**扶南《ふなん》期**

①　プノン・ダ様式・前期

ルドラヴァルマン王　五一四〜五三九年

（二）**真臘《しんろう》期**

②　プノン・ダ様式・後期

バヴァヴァルマン王　五五〇年

③　ソンボー様式

イーシャーナヴァルマン王　六一六〜六三五年

④　プレイ・クメン様式

バヴァヴァルマン二世王　六三六〜六五六年

⑤　プラサット・オンダエト様式

ジャヤーヴァルマン一世王　六五七〜六八一年

⑥　コンポン・プラ様式

八世紀の真臘《しんろう》国の分裂

（三）**アンコール期**

⑦　クレーン様式

ジャヤーヴァルマン二世王　八〇二〜八五〇年

⑧　プリア・コー様式

⑨ インドラヴァルマン一世王 八七七〜八八九年
バカエン様式
ヤショーヴァルマン一世王 八八九〜九一〇年
⑩ コー・ケー様式
ジャヤーヴァルマン四世王 九二八〜九四一年
⑪ バンテアイ・スレイ様式
ラージェンドラヴァルマン二世王 九四四〜九六八年
⑫ クリアン様式
ジャヤーヴァルマン五世王 九六八〜一〇〇一年
⑬ バープオン様式
ウダヤーディチャヴァルマン二世王 一〇四九〜一〇六六年
⑭ アンコール・ワット様式
スーリヤヴァルマン二世王 一一一二〜一一五〇年
⑮ バイヨン様式
ジャヤーヴァルマン七世王 一一八一〜一二一五年
⑯ 後バイヨン様式 十三世紀後半〜十五世紀前期

当時のプノン・ペン国立博物館では、陳列された石像に、次の様式名が記されてあった。これより示す、全十六種の様式を、古い順に語っていくのにあたり、特に、各様式を代表した作品は、どのような特徴を、もっていたのか。神像自身について、そしてまた、その各像がまとう腰衣の形に、注目していく。

プノン・ペン国立博物館には、各時代の一つの様式に属する彫像が、幾つも展示されてあった。そのため、それら全部を、ここで紹介しえない。そこで、一つの様式の作品群のうちで、特に重要視される作品、名品としての尊像をとりあげ、真に各様式の独自性を、明白にしようとしている。

三、先アンコール期

① プノン・ダ様式・前期

「プノン・ダ」とは、タカエウ州にある聖山の名前で、扶南《ふなん》期の都の跡とみなされる、アンコール・ボレイの近くにある。これは、ヒンドゥー教信仰の中心的な聖地であったはずで、この聖山プノン・ダから、さまざまなヒンドゥー教の神像が発見された。

このプノン・ダ様式は、さらに二つに分けられ、その前期は、ルドラヴァルマン王の治世に属する作品類をさす。碑文を通じて、王は、ヒンドゥー教のヴィシュヌ神を信奉した。そのために、プノン・ダからは、ヴィシュヌ神像と、その化身の神像らが、主に発見された。

カンボジアのクメール彫刻史の、最初の作品類であるために、すぐれたインド風の神像が、プノン・ペン国立博物館に陳列される。一見してわかるように、大半の石像は、明らかにインド美術からの影響を、濃厚に受けていた。その姿の源流は、インドの後グプタ様式（六〜七世紀）からである。そのため、インドのヒンドゥー教神像の前に、いるかのような錯覚にとらわれる。

聖山プノン・ダの山頂にそびえる塔堂跡、プラサット・プノン・ダに安置されてあった、ヴィシュヌ神像（図版35）は、像高が二・七メートルもある巨大な石像である。博物館で第一に注目する。このヴィシュヌ神像の右と左には、脇侍像のように立つ、二体の神像がある。ともに貴重な作品である。二体は、ヴィシュヌ神の化身《けしん》であった、ラーマ神像（図版37）と、バララーマ神像（図版38）とである。

まず、中尊のヴィシュヌ神像は、直立した姿勢で立つ。しかし、左右の二体、ラーマ神像とバララーマ神像とは、ともに腰をまげて、いわゆるインド美術のポーズ、「トリヴァンガ」、三段屈の格好をなす。残念ながら、両像の顔は、つぶれてしまった。だが、ヴィシュヌ神像のお顔は、完全に残った。三体は、すべてバランスがとれ、写実的な肉付けをなす傑作、として賛《たた》えられる。

ラーマ神とは、古代インドの大叙事詩『ラーマーヤナ』の主人公で、ヴィシュヌ神の化身として仰がれている。左手に弓を持つ。一方、バララーマ神とは、同じくヴィシュヌ神の化身で、聖典『バガヴァッド・ギーター』での説法者、クリシュナ神の兄貴にあたる。

そこで、この三体の尊像で注目する、様式上の特色は、腰衣の衣褶《いしゅう》にある。この部分の描いた図（挿図17）を、早速、そえておく。それはまさに、インド人がまとう腰衣の着衣法で、臍《へそ》の位置から、左右斜めに線がつけられた。

さて、これと同じ着衣法によった作品には、他に二体がある。クリシュナ神像と、パラシュラーマ神像（図版36）とである。クリシュナ神像は、タカエウ州ワット・コー寺より、パラシュラーマ神像は、ここプノン・ダより出た。この二体も、トリヴァンガ姿勢をとった、インド色の豊かな、すぐれた作品である。

おわりに、プノン・ダ様式・前期に属する傑作として、忘れられない名作がある。それは同じく、聖山プノン・ダより出た。同じくヴィシュヌ神の化身、クリシュナ神像（図版39）である。

クリシュナ神の生涯での一事件で、聖クリシュナがゴーヴァルダナ山を右手でもちあげた、という光景を、丸彫でほりだした。

丸彫といっても、クリシュナ神像の背後が壁で、その壁とくっついた石像である。この尊像は、本来、聖山プノン・ダの中の石窟内の壁面に、そえられてあったことがわかる。像高が一・五五メートルあり、おしくも右腕が消失しているが、全体に均整のとれた、すばらしい傑作である。なお、現在、聖山プノン・ダには、麓と山頂への途中とに、二つの石窟の跡（図版40）が残っていた。

なお、クリシュナ神と言えば、クリシュナ神による説教が、聖典『バガヴァッド・ギーター』に、拝読しうる。クリシュナ神による教えが、明白に説かれている。わが国では、三浦関造師の和訳書『至高者の歌』は尊い。また、この『バガヴァッド・ギーター』の解説書として、A・C・バクティヴェーダンタ・スワミ・プラブパーダ師の著書からの和訳、『バガヴァッド・ギーター・あるがままの詩』も、尊い。

② プノン・ダ様式・後期

バヴァヴァルマン王は、先のルドラヴァルマン王の孫にあたろう、という。王は、シヴァ神を信奉したが、この時代の石彫には、依然として、ヴィシュヌ神像が残る。その代表的な名作が、プレイヴェーン州ツーオル・ダイ・ブオンより出た、ヴィシュヌ神像（図版41）である。

このヴィシュヌ神像は、右腕の前方の手首のみが、欠損しただけで、他は、完全な状態で残った。像高が一・八五メートルある。全体の姿は、依然として、前期で見たトリヴァンガ姿勢をなす。しかし、前期のヴィシュヌ神の作りよりも、迫力に欠ける。すなわち、その前期の作りから続いた、後世の作品で、そのため、腰衣の着衣法も略式化されている。

すなわち、ツーオル・ダイ・ブオン出のヴィシュヌ神像には、前期のバララーマ神像で見た、衣褶《いしゅう》の細い線（挿図17）が、もはや見られない。ただ、前期のその神像にあった、臍下《へそ》に垂れた魚尾型の衣端が、そのまま臍下《へそ》に残っている。そこで、この種の着衣法による後期に属する作品が、プノン・ペン国立博物館には、他に数体ある。それらは、先の魚尾型の衣端をもって、特徴づけられる。だが、すべて、作柄がおとり、このツーオル・ダイ・ブオン出のヴィシュヌ神像の作りには、及ばない。

次に、このプノン・ダ様式・後期に属する作品として、仏陀像が現れる。カンボジアでは、当時の六世紀に、仏教も信仰されていたのだろう。プノン・ペン国立博物館には、この時代の二体の石仏があり、大切である。その一体（図版42）は、タカエウ州のワット・ロムロックより出た。当時のヒンドゥー教神像と同じく、仏陀像でもトリヴァンガ姿勢を、とっていた。

全体の姿は、明らかに、インドの後グプタ期美術（六～七世紀）の仏陀像の作り方、サールナート派の流れをくんでいる。この六世紀は、西側のタイ国に、ドヴァーラヴァティー王国（六～十一世紀）が栄え、この種の石造の仏陀像が、多く造られた。この王国の仏教美術との関係が、連想される。

③　ソンボー様式

七世紀前期に君臨したイーシャーナヴァルマン王は、新しい都、イーシャーナプラを、今日のコンポン・トム州のソンボー・プレイ・クックに創設した。この新都の設立によって、新鮮な芸術上の創作活動がおこり、ここに生れた作品類が、ソンボー様式の彫像である。このソンボー・プレイ・クックには、多くの遺構があり、そのうちの北群の第十堂から、発見されたハリハラ像（図版43）は、第一に注目される。

ハリハラ神とは、ヴィシュヌ神とシヴァ神とを、一体化させた神である。神像を見てわかる通り、身体の半分がヴィシュヌ神で、もう片側の半分がシヴァ神の身体の姿をしている。全体の作りは、神像の背後に、石造りの馬蹄《ばてい》形の支えがつく。これは、先のプノン・ダ様式・前期の大きなヴィシュヌ神像（図版35）と同様で、その形からの流れをくんでいる。

しかし、このハリハラ神像の腰衣は、明らかに、その後のプノン・ダ様式・後期の性格を踏襲《とうしゅう》している。すなわち、臍《へそ》下には、例の魚尾型の衣端が垂れさがる。全体の作りは、先のプノン・ダ様式・後期の代表作、ツーオル・ダイ・ブオン出のヴィシュヌ神像よりも、はるかに力強い。例えば、腹に出た筋肉質な体格にも、それを感じさせる。

このほかに、ソンボー様式の名品として、プノン・ペン国立博物館には、二体が忘れられない。その一体がヴァージムカ神像（図版44）で、もう一体がラクシュミー女神像（図版47・48）とである。

先のヴァージムカ神像は、頭が馬で、身体が人間の姿をなす。めずらしい作品である。同じくヴィシュヌ神の化身で、聖典『ヴェーダ』の守護神として、信仰されたといわれる。コンダール州のクック・トラップより出た。残念ながら、両腕が欠損したが、その馬の頭部は、かわいらしく、たくみに彫られ、印象ぶかい。

注目すべき個所は、新しく出現した腰衣の着衣法である。腰衣は、膝下までも来る長い布が、臍《へそ》の位置から足もとまで、一直線に垂れさがる。そして、腰下には、水平に横帯がわたされ、その右側にて、ゆわかれる。この横帯のあることも、この様式の大きな特徴である（挿図18）。

もう一体は、ソンボー様式の最も美しい作品で、コンポン・チャーム州のコ・クリエンより出た、ラクシュミー女神像（図版47・48）である。女神は、ヴィシュヌ神の配偶者、妻であり、富の女神、家の中の幸福の吉祥天、といわれる。クメール美術史上の最高傑作の一体として、これまでに長く称賛されてきた。

なおここで、このラクシュミーといえば、この女神が語った聖句が想い出される。それは、古代インドの最長の叙事詩、『マハーバーラタ』の第十三巻、アヌシャーサナ・パルヴァンの教訓巻の中で、この女神が説かれている。すなわち、次のようにある。

「食器、椅子、ベッドが散乱し、女がたたかれているような家からは、神々、祖霊は出てゆき、家長の捧《ささ》げる供物を拒否《きょひ》し、去ってゆきます。」と。

この聖句の中に言う、祖霊とは、先祖の霊のことである。『マハーバーラタ』は、十二世紀前期に彫り出された、アンコール・ワットの第一廻廊の浮彫大壁画にも、見られる。

以上のほかに、先の馬頭のヴァージムカ神像と、同じ腰衣の着衣法をなす、ヴィシュヌ神像（図版**45**）がある。ストゥン・トゥラエ州のコンポン・チャム・カウより出た。像高が一・八メートルあり、この神像は、全体にぼやけた感じで、表面の仕上げが、未完成のままとなっている。

④　プレイ・クメン様式

「プレイ・クメン」とは、今日のシエムリアップ州アンコールにある、人工湖跡「西バライ」の西側の土堤に接近した、小さな遺構、プラサット・プレイ・クメンの名前からとっている。遺構はかつて、その建築や装飾浮彫の形から推して、八世紀初頭の建立とみなされた。

ともかく、この様式の時代、七世紀前半のバヴァヴァルマン二世王は、どこに都を置いていたのか。また、どの遺構を建立したのか、知られていない。王は明らかに、以前からのヴィシュヌ神やハリハラ神への信奉よりも、シヴァ神への信仰に熱心であった。

この時代に属する神像には、ヒンドゥー教のブラフマー神像（図版**46**）の傑作が、残っている。ブラフマー神とは、創造者としての神で、ヴィシュヌ神とシヴァ神とともに、ヒンドゥー教の三位一体の第一にあたる。

このブラフマー神像は、プレイ・クメン様式を代表する作品である。同じくソンボー・プレイ・クックより出た。像の全体がぼやけた感じの作りであるが、特に、その腰衣に、特徴がある。すなわち、膝の上までの短い腰衣は、いたって単純な、男子用下着パンツ型、といえる。

また、不思議な現象として、このバヴァヴァルマン二世王の時代に、大乗仏教の菩薩像が、多く造られた。しかし、これらは石彫でなく、小型の青銅像である。その頭の形や先にのべた代表的な作品、ブラフマー神像と、類似する。プノン・ペン国立博物館には、この種類の観世音菩薩像（図版**50**）で、このプラサット・プレイ・クメンのすぐ近くにある、アック・ヨムより出土した作品類が、陳列されている。

観世音菩薩とは、救いを求める者の姿に応じて、大慈悲を行ずる仏で、頭上には、化仏《けぶつ》といって小さな仏が乗る。この化仏があることによって、尊像が観世音菩薩であることが、わかる。

この種の観世音菩薩像を主とした、菩薩像の信仰は、タイ国東北部にもあり、このプレイ・クメン様式にもとづいた、青銅製の菩薩像が、一九六四年、昭和三十九年に、タイ国ブリーラム県のプラコーン・チャイより、約三百体も発見された。これらは、明らかに、プレイ・クメン様式によって造られ、七世紀ないし八世紀の作、とみなされた。

⑤ プラサット・オンダエト様式

「プラサット・オンダエト」という名称は、今日のコンポン・トム州のコンポン・トムの西北西にある塔堂跡（図版**51**）である。この塔堂の中から、像高が一・九四メートルある、美しい姿のハリハラ神像が（図版**49**）が、発見された。神像は、この塔堂の本尊であった。

右半分がシヴァ神を、また左半分がヴィシュヌ神を表わす。実に、均整のとれたすがすがしい尊像である。クメール美術史上の最高傑作、もしくはプノン・ペン国立博物館収蔵の名作類のうち、第一の秀作と、賛えられる（挿図19）。

しかし、この様式の、ジャヤーヴァルマン一世王は、主にシヴァ神のリンガを崇拝した。王の都の位置も、判明しておらず、漠然とアンコールのアック・ヨム、あるいは同じくロルオッホ附近だろうか、と考えられている。

⑥　コンポン・プラ様式

八世紀のコンポン・プラ様式の作品は、プノン・ペン国立博物館に、陳列されていなかった。そのため、ここでは記さない。しかし、この時代の重要な遺構が、一つある。その建立年代が、碑文を通じて判明している。七〇六年の建立で、コンポン・トム州のプラサット・プム・プラサットが、それである。この時代の真臘国《しんろう》は、国の分裂期にあたり、神像が多く造られなかったようである。

四、アンコール期

⑦　クレーン様式

「クレーン」の名称は、アンコール帝国の首都となるアンコールから、北へ約五十キロ行った所にある山、プノン・クレーンからとっている。この様式の時代にあたる、ジャヤーヴァルマン二世王は、八〇二年に、このプノン・クレーンにて即位した。アンコール帝国の夜明けにあたる聖山で、現在でも、この山頂には、当時の幾つかの遺構が、残っている。

その遺構の一つには、プラサット・ダムレイ・クラップがある。この塔堂の中に安置されてあった、ヴィシュヌ神像（図版52）は、このクレーン様式の最高傑作として、賛えられてきた。

このクレーン様式の美術は、ヴィシュヌ神像が主体をなし、プノン・ペン国立博物館には、この時代のヴィシュヌ神像が、他に二体、陳列されている。この二体も、きわめて見事な作りである。以上の三体には、一種独特な特徴が、そなわっている。すなわち、頭上には、円筒形の冠をのせる。また、口髭《ひげ》をつける。そして、腰衣の形には、ある一定した特徴が、認められる。そのため、ここにその例を、描きおこし図（挿図20）にしておく。

三体は、二体がプラサット・ダムレイ・クラップより、また一体がプラサット・トマ・ダップから、発見された。特に、プラサット・ダムレイ・クラップより出た、ヴィシュヌ神像は、白色の砂岩で造られ、完全な姿で残った作品で、そのすがすがしい美しさに、感銘させられる。

⑧　プリア・コー様式

この時代のインドラヴァルマン王は、新しい都「ハリハラーラヤ」を、アンコールのロルオッホの地に設立した。このロルオッホにある王の建立による、プリア・コー（八七九年建立）が、この様式の名前なのである。この地には、王の中心山寺院であったバコン（八八一年建立）や、ロレイ（八九三年建立）が残っている。

プノン・ペン国立博物館所蔵のこの時代の作品には、三体の尊像が注目される。そのうちの二体は、バコンから出て、この様式の名品となっている。あとの一体は、ロレイから出た女神像である。

そこで、バコン出の二体は、ヴィシュヌ神像（図版54）とシヴァ神像とである。両像は共に、以前のクレーン様式の神像よりも、ふとってしまい、腰が大きい。また、両像に見る腰衣の着衣法は、共通しているために、ここでは、シヴァ神像の腰衣の方をとって、そこのスケッチ図（挿図21）を、そえておこう。特に、ヴィシュヌ神像の冠は、もはや以前のクレーン様式で見た、単純な円筒形ではなく、三層状の積み上げ宝冠に、変わっている。

また、ロレイより出た女神像（図版55）は、シヴァ神の配偶者、妻ガウリー女神を表す。おしくも、顔の片側と両腕とが欠損しているが、この女神像は、ラージェンドラデーヴィー妃を肖像化したとみなされ、重要である。この王妃は、ヤショーヴァルマン一世王（八八九〜九一〇年）の祖母にあたる。神格化された肖像彫刻として、きわめて貴重な作品である。特に、女神像の腰衣の着衣法は、インドラヴァルマン王の治世の様式を、明確に見せている。そのために、ここに、その個所の描き図（挿図22）を、加えておく。

この他、プノン・ペン国立博物館には、出所が不明であるが、冠がわずかに欠けただけの、ほぼ完全な姿の、シヴァ神像（図版53）が陳列されている。シヴァ神とは、ヒンドゥー教の三主神の一神で、三位一体の第三の神格として、破壊し変化更生の大神である。像高が一・六五メートルある。このシヴァ神像は、先のヴィシュヌ神像やシヴァ神像よりもおちるが、全体にバランスのとれた、愛したい尊像として、忘れられない。

さて、シヴァ神と言えば、その基本的な理解が、古代インドの哲学書『ウパニシャッド』の中の「シヴェータシヴァタラ・ウパニシャッド」にある、と教わった。その尊い和訳が佐保田鶴治師によった、尊い書『ウパニシャッド』がある。その中に次のようにある。ルドラ神とは、本来のシヴァ神の名称である。

「げに、ルドラ神は独尊なれば、梵《ぼん》を知る徒は、彼以外の神を拝せざりき。彼はこれらの諸世界を、種々の権力を用いて領《りょう》す。彼は生類の各々に内在す。彼は宇宙創生の際には、守護者として、万物を創生し、却滅《こうめつ》に際してはこれを捲《ま》き収《こ》む」

⑨　バカエン様式

旧名バケンの名称は、アンコールにあるプノン・バカエン山からとっている。この聖山の山頂には、ヤショーヴァルマン一世王の建立による、中心山寺院跡が残る。王によって、九〇〇年頃に設立された都城、「ヤショーダラプラ」のちょうど真中に、位置していた。

プノン・ペン国立博物館には、この様式に属する神像が一体（図版**57**）、陳列されている。ただ悲しくも、この神像は、頭部と両腕と両足とが、欠損したトルソーで、ここプノン・バカエンから救出された。ここに、この神像の腰衣の着衣法を伝えるため、また、描き図（挿図**24**）をかかげておく。

その特徴は、前の垂れさがる二つの魚尾型の布は、前の方が長く、その内側の方が短い。この特徴は、後世になると、この二つの布が逆となる。おそらく、この神像は、二本腕であったことから、シヴァ神であったと思われる。

⑩　コー・ケー様式

「コー・ケー」とは、シエムリアップの北東、約九十キロの地点にある、地名である。ジャヤーヴァルマン四世王は、そこに新しい都を設立した。それは、九二一年のことで、アンコールよりこのコー・ケーの地へ移し、新しい都を「チョク・ガルギャー」と称した。ただ都は、二十年間しか続かず、ラージェンドラヴァルマン二世王の治世に、再びアンコールへと、もどされた。

この時代の神像も、前代のバカエン様式の作品と同様に、完全な姿の石像がなく、欠損した作品類が残る。

コー・ケー様式の神像は、第一に、コー・ケーの遺構、プラサット・クラチャプから出た、シヴァ神像（図版**56**）である。像高が一・三八メートルあり、全体に重い感じの石像である。両腕と両足とが欠けているが、当時の様式を伝えた、貴重な作品なのである。

特徴は一見してわかるように、バカエン様式で見た神像よりも、さらに一層、胴体もしくは腰が、大きくふとってしまった。実に、ふとりすぎの身体であることに、気がつこう。また、その腰衣の着衣法を、明白にするために、このシヴァ神像の腰衣の線を、描き図（挿図23）にしておいた。それを見てわかる通り、もはや前代のバカエン様式で見た、前面に垂れる魚尾型の布は、前方の一本が短かく、その内側の一本が長くなって、変わってしまった。

次に、コー・ケーの遺構、プラサット・ニエン・クマウ出の名品が、あげられる。男神像と女神像との二体だが、ともに頭部と両腕とが欠損している。しかし、両像は、黒色の硬砂岩に彫られた力作で、表面の研磨された力強い作品として、賛えられてきた。特に、女神像の方（図版59）は、一般に「ブラック・プリンセス」の名前で、愛称されている。

さらに、プノン・ペン国立博物館の入口、入ったすぐの所に置かれた、大型の鳥、ガルダ像（図版58）は、おどろきである。クメール美術史上、丸彫像として、最大の遺例である。ヴィシュヌ神の乗り物で、寺内の守護神としての役をなしていた。像高が二・一三メートルあり、翼を大きくひろげて、かわいらしい。この大鳥は、本来、コー・ケーの最大の寺院跡、プラサット・トムの入口に、安置されてあった。

おわりに、コー・ケー美術には、動きのある人物像の作品があって、知られる。その一例は、古代インドの叙事詩『ラーマーヤナ』物語の中に登場する、二ひきの猿、スグリーヴァとバーリンとの戦いの場面である。両者は、同一の台座の上に乗って戦う、丸彫像で、像高が二・八七メートルある。この楽しい作品は、コー・ケーの遺構、プラサット・チェンより出て、おもしろい（図版60）。

⑪ バンテアイ・スレイ様式

発音「ボンティアイ・スレイ」とは、シエムリアップの北東、約四十キロの地点にある、シヴァ神を本尊として祀った、寺院跡の名前である。ラージェンドラヴァルマン二世王と、その後のジャヤーヴァルマン五世王（九六八～一〇〇一年）の時代に、当時の王の顧問であった、バラモン僧のヤジュニャヴァラーハと、その弟のヴィシュヌクマーラとによって、九六七年に建てられた。小規模な寺院跡だが、赤褐色の石の建材で建てられ、美しい彫刻の宝庫として、貴重である。

バンテアイ・スレイ様式は、その寺院の側壁の浮彫に見るように、丸彫よりも浮彫にこそ、高い真価がある。なぜならば、この寺院の建立を契機に、新しい様式が誕生、創造された。それらが明らかに、浮彫、もしくは高浮彫の人物像に認められ、以前までの堅い表現から、柔かい作風へと、変えられた。

この創造は、実は、真臘《しんろう》期のコンポン・プラ様式の作風へ、復古させた彫刻であった。高浮彫の立像には、身体を曲げたドヴィヴァンガの二段屈の姿勢が、再び生かされている。それらは、寺院に彫られた女神アプサラスや、守門神ドヴァラパーラといった、高浮彫像に、認められる（図版**16**）。

そこで、この守門神ドヴァラパーラ像の腰衣の形は、典型的なバンテアイ・スレイ様式の特徴を、伝えている。その腰衣の形と同じ神像（図版**61**）が、プノン・ペン国立博物館に、陳列されてあった。この一体は、ヴィシュヌ神を表す立像で、像高が一・五メートルある。作りは、あまりみごとな出来ではないが、この神像の腰衣の部分の描き図（挿図**25**）を、ここにのせておく。ただし、残念ながら、このヴィシュヌ神像は、出所が不明のままとなっている。

⑫　クレアン様式

「クレアン」という名称は、アンコールのアンコール・トム（十二世紀後半建立）の城壁内にある、小さな塔堂の名前である。この様式は、ジャヤーヴァルマン五世王の治世の後半もしくは九七八年頃より、スーリャヴァルマン一世王の治世の初め頃、一〇一〇年頃までの期間をさす。この間に建てられた遺構には、アンコールにあるピミアン・アカーハや、タカエウがある。しかし、この両者には、浮彫がなかったように、この時代の彫像は、あまり残っていない。

プノン・ペン国立博物館には、この様式に属する神像が一体あり、拝見できる。バッドンボーン州モンコール・ボレイのプノン・プラサット・ラックより出た、ブラフマー神像（図版62）がそれである。像高が一・〇六メートルあり、その腰衣の着衣法を見せるため、描き図（挿図26）を、くわえておく。その特徴は、以前のコー・ケー様式のプラサット・ニエン・クマウ出の男神像と、ほとんど同じである。

⑬　バープオン様式

「バープオン」は、アンコール・トムの城壁内にある、大型の遺構の名前である。一〇六〇年に、ウダヤーディチャヴァルマン二世王によって、シヴァ神を本尊として、建立された。

プノン・ペン国立博物館には、この様式に属する幾体かの神像がある。そのうち、男神像としての作品は、アンコールのプノン・ボックより出た、ヴィシュヌ神像（図版63）が第一に注目される。プノン・ボックは、アンコール遺跡群の北東、山頂にある遺構である。神像は、像高が一・二四メートルあり、すがすがしいお顔をした作りである。

その腰衣の着衣法は、明らかに、前代のバンテアイ・スレイ様式から、発展した形をなす。それも、バンテアイ・スレイの女神像、アプサラスの腰衣の形（挿図8）から、展開している。

そこで、この神像の腰衣の部分の描き図（挿図27）をそえておく。

次に、女神像としての作品は、シエムリアップ州のトラペアン・トトゥーン・トウンガイから出た、ラクシュミー女神像（図版64）が、すばらしい。像高が九四センチあり、典型的なバープオン様式をなす名作として、知られる。

すなわち、その腰衣の着衣法は、明らかに、バープオン様式の仕方である。それは先のヴィシュヌ神像と同様に、バンテアイ・スレイの女神浮彫像アプサラス（挿図8）から、発展していた。それとの比較のために、描き図（挿図28）を参照されたい。先のヴィシュヌ神像とともに、このラクシュミー女神像は、十世紀のすばらしい傑作として、賛えられる。

さらに、先の女神像に加えて、もう一体（図版65）、見てもらいたい女神像がある。ただ、何の種類の女神なのか、不明である。完全に両腕が消失しており、図像上の判断がつかない。像高が一・二三メートルあり、コンポート州サムランから出た。その腰衣は、典型的なバープオン様式による。直立したかわいい像で、その腰にわたされた帯は、繊細で美しい。先のラクシュミー女神像の腰衣の形と、まったく同じ特徴をそなえている。

さて、十一世紀中頃になって、仏陀像が現われる。蛇ムチャリンダの上にすわる仏陀像（図版67）である。この種類の仏像を、蛇の上に乗る仏なので、「陀上仏《だじょうぶつ》」と呼ぶ、ことにしている。プノン・ペン国立博物館にある、陀上仏の名作の一体である。完全な状態で残った尊像で、両手で禅定印をなし、瞑想にふけっておられる。コンポン・チャーム州のペアン・チェアン農園から発見された、傑作である。

顔の顎《あご》の中央には、へこみのあることや、先のラクシュミー女神像でも見たように、杏仁《きょうにん》形の眼の周囲には、線刻の縁どりがなされる。これらは明らかに、バープオン様式の特徴を、示している。

おわりに、プノン・ペン国立博物館には、石彫ではないが、この様式に属する、クメール美術史上、最大の青銅製、ヴィシュヌ神像（図版69）がある。大横臥《おうが》像である。大きさは、天地一・四四メートルあり、胸より下半身が消失してしまった。十一世紀後半に建立された、アンコールの西メボンより発見された。プノン・ペン国立博物館での、最大の見所となっている。

⑭　アンコール・ワット様式

この様式は、アンコール帝国で最大の魅力をしめた、アンコール・ワットから名前をとった。十二世紀前半、スーリャヴァルマン二世王の治世の美術で、王は、ヴィシュヌ神を信奉したが、この時代には、仏陀像も造られた。

まず先に、ヴィシュヌ神から拝見いたすと、プノン・ペン国立博物館には、ヴィシュヌ神像（図版68）の傑作が一体ある。これは、シエムリアップ州のワット・クナットから出て、四本の腕をもつ。像高は一メートルである。宝冠をのせた頭部は、まったく完全な状態に、美しく残った。このヴィシュヌ神像の腰衣の着衣法も、その描き図（挿図29）を、ぜひともそえておきたい。

次に、前代のバープオン様式にて、仏陀像の出現を見たが、アンコール・ワット様式の時代になると、さらに多くの仏陀像が造られた。それらは、同様に、蛇ムチャリンダの上にすわる、宝冠の仏陀像（図版66）である。この種類の名品が一体ある。

それは、バンテアイ・ミアン・チェイ州シソポーン地方の洞窟から発見された。完全な姿で保存された、尊像である。おそらく、今日のカンボジアの人々も、大好きな仏陀像と、思われる。像高が八七センチあり、両手を膝の上にのせ、瞑想中のお姿である。

⑮　バイヨン様式

「バイヨン」は、ジャヤーヴァルマン七世王によって、アンコール・トムの城壁内の中心に建てられた、大寺院跡である。この大王は、大乗仏教、特に観世音菩薩を信奉した。このことから、このバイヨン様式は、他の様式類とちがって、仏教美術の時代である。

バイヨン様式の美術作品にふれるのにあたり、まず第一に、プノン・ペン国立博物館にある、ジャヤーヴァルマン七世王の肖像（図版32・70・71）が、大変に尊重される。シエムリアップ州アンコールのクラオル・ロミアから出た。像高が一・二三メートルある。尊い瞑想中の座像である。おしくも、両腕が欠損しているが、そのお顔は、完全に残り、ういういしい。王の肖像には、今日、タイ国のバンコク国立博物館に、もう一体がある。タイ国東北部のピマーイより出た石造の坐像である。

なお、ジャヤーヴァルマン七世王は、一〇二軒の病院を、また帝国の公道にそって、一二一軒の巡礼者のための宿舎を建てた。また、故き父親のために、プレア・カン寺院を、故き母親のために、タ・プロム寺院を建立した。この両寺については、この本の第一章でふれた。さらに、後の第四章で語る、バイヨンの大寺院の造営も、この大王によった。大乗仏教の観世音菩薩を信仰し、それについては、後の第五章でもって論じる。

さて、プノン・ペン国立博物館には、ジャヤーヴァルマン七世王時代の観世音菩薩像がある。その頭部だけが残った作品類とともに、幾体も陳列されてある。それらのうち、最も大きく、堂々とした観世音菩薩像（図版72）は、像高が二・一二メートルもあり、アンコール・トムの死者門から出た。頭上には、化仏をのせ、四本の腕からなる。この種の観世音菩薩は、一般に、その化身の一体で、「ローケーシュヴァラ」菩薩と呼ばれ、世自在菩薩と漢訳された。

その大きな特色は、顔がなんとなく、ジャヤーヴァルマン七世王の肖像に見た、お顔と似《に》ている。その面影《おもかげ》がある。また、両足、特に股《もも》の肉があつく、両足が全体に、がっしりとして大きくふといことが、バイヨン様式の特徴である。腰衣の形とその着衣法は、以前とすっかりと変わった。腰衣が男子用下着パンツのように、非常に短い。それを見てもらうために、その腰衣の描き図（挿図30）を、そえておく。

また、当時の観世音菩薩像として、身体の上半身の表面に、多くの神々の姿をつけた石像が、造られた。これは、略名、観音の皮膚《ひふ》の毛穴から、光のように放射している有り様を、化仏のように表現した像である。プノン・ペン国立博物館には、この種類の観音像の二体（図版73）が、陳列されている。これは、当時、流布していたのだろう、仏教経典『カーランダ・ヴューハ・スートラ』を基にして、造られた観音像と、思われる。

この観音像は、八本の腕をもち、額《ひたい》にもう一つ別の眼があり、顔には全部で三つの眼があった。しかし、この像は、かなり欠損がはなはだしく、左腕がまったくない。アジアの仏教美術では、めずらしい図像の観音菩薩像である。なお、この種類の観音像の一番美しい尊像（図版119）は、現在、フランスのパリにある、ギメ美術館に収蔵されている。

おわりに、この時代の女神像の作品には、二種類がある。その一つは、頭上に化仏をのせた般若波羅蜜《はんにゃはらみつ》菩薩像、もしくは多羅《たら》菩薩像とみなされる作品類である。もう一種は、両手に蓮華の莟《つぼみ》をもつ、ラクシュミー像こと、吉祥天《きっしょうてん》像である。

まず、般若波羅蜜菩薩像（図版74）の代表的な作品は、アンコールのプレア・カンより出た一体で、美しい女性像である。像高が一・一メートルある。これは、ジャヤーヴァルマン七世王の最初の王妃、ジャヤーラージャデーヴィー妃の肖像とみなされ、貴重である。というのは、この種類の同様な尊像が、もう一体、フランスのギメ美術館にもある。それは、伏《ふ》し目をした静かな王妃で、ギメ美術館での名品となっている。

そこで、この菩薩は、略して般若《はんにゃ》菩薩といい、般若の智慧を象徴する菩薩、と聞く。密教では、諸仏・諸菩薩を生みだす母としての神格で、仏母《ぶつも》とも言われ、女性の菩薩である。ジャヤーヴァルマン七世王の時代において、先にのべた陀上仏《だじょうぶつ》を中尊とし、その左右の脇侍像には、この般若菩薩像と観音菩薩像とが、一般に配置された。この三尊仏は、石造や青銅製で造られ、その一体の石仏が、東京国立博物館の東洋館に、収蔵されている。

そして次に、ラクシュミー神像（図版**75**）の方は、像高が二・一メートルもある大きな像で、ヒンドゥー教のヴィシュヌ神の神妃、妻である。仏教でいう吉祥天《きっしょうてん》にあたる。シソポーンのバンテアイ・タップより出た作品で、陳列室の中央に置かれてあった。不幸にも、両手がなくなっているが、両手には、本来、蓮華の莟《つぼみ》をにぎっていた、と思われる。これを吉祥天として拝見するなら、日本の仏教美術にも古くからあり、親しみをおぼえる。

腰衣は、明らかに、ジャヤーヴァルマン七世王の時代に建てられた、さまざまな寺院の側壁に見る、女神浮彫像アプサラス（挿図**14**）と、同じ形をなす。それにしても、バイヨン様式の女神立像の特徴は、一般に、両足が大きく太すぎる作りである。これは、全体に不格好で、均整がとれていない。当時の彫像は、概して大量生産化にあり、作柄が低下・衰退していったように感じられる。

おわりに、前代のアンコール・ワット様式にて見たように、このバイヨン様式の美術には、蛇ムチャリンダの上にすわった仏陀像、蛇上仏が、多く造られた。その一体がプノン・ペン国立博物館に、陳列されている。アンコール・ワットから出た、瞑想中の仏陀像（図版**76**）で、像高が一・六メートルある。なお、この種類の陀上仏は、遠くタイ国中部や東北部でも造られ、いわゆる「ロッブリー美術」の範疇の作品の中に、多く見出される。

⑯　後バイヨン様式

ジャヤーヴァルマン七世王の死後、すなわち十三世紀より、アンコール帝国の崩壊の一四三二年まで、どのような美術が繁栄したのか。ジャヤーヴァルマン七世王死後の諸王は、ヒンドゥー教を再び信奉したが、それほど目立った作品が、残らなかったようである。一方、仏教は、西方のタイ国、タイ族のスコータイ王国（十三世紀中頃〜十五世紀）や、十四世紀中頃に台頭した、アユタヤー王朝の上座仏教美術が、カンボジアへと、影響を及ぼしていった。

プノン・ペン国立博物館には、十三世紀を中心にした仏教美術の石彫が、幾つか陳列されている。そのうちで、特に、印象深い作品には、愛称で「コマイユ仏」（図版**77**）と称する、陀上仏がある。バイヨンから出た名作である。蛇の頭部は、完全に消失したとはいえ、尊厳ある仏である。コマイユとは、フランス人のコマイユ氏の名前で、博士によってこの尊仏が、一九一三年に、発見された、といわれる。

おわりに、タイ美術の影響が、カンボジアへと及ぶと、そこにはタイ風のつくりでありながら、やはりクメール人独自の顔をした、仏像が造られた。上座仏教の浸透とともに、釈迦牟尼仏《しゃかむにぶつ》でありながら、宝冠を頭上にかぶった宝冠仏（図版**78**）が、木造で彫られた。

この種類の仏像は、かつてアンコール・ワットの十字廻廊にもあった（図版**79**）。その種のすぐれた木仏も、プノン・ペン国立博物館にて見られる。像高が二メートルもある大きな木仏で、クメール彫刻史の最後を、飾っているかのようだ。廻廊風の彫刻展示室の最後にて、拝見できる。

五、おわりに

カンボジアのクメール美術史こと、彫刻史に見る展開は、今日、プノン・ペンにあるプノン・ペン国立博物館の陳列品を通じて、理解しうる。それほど、プノン・ペン国立博物館は、クメール彫刻の貴重な美術品を多く収蔵し、またそれを時代順に並べ置いている。

この作品類の展開は、すべて過去のクメール族の人々が手をあわせ、お線香、お花、そしてお供物をさしあげて、礼拝した対象である。それだけに、形の美しさだけを追い求めるのは、軽薄であろう。そこには、各時代に各々の宗教的、芸術上の指導に立った尊師たちが、もしくは尊像を造るにあたっての経典が、あったはずである。

経典が読まれて、その上で、神や仏の姿が造形化された。それが美として、形におさまったものであるから、各々の作品には、各々の美しさを放っている。

ここでは、クメール神像の出現する六世紀より、アンコール帝国の崩壊する十五世紀までの、主要な様式を追って、各様式に属する作品を通観した。この長い歴史を通じてながめると、そこにはいくつかの節目があったことがわかる。最古は、プノン・ダ様式で始まり、純粋なインド化の美術の時代である。それらは、いかにもインド的で、また緊張した名作ばかりを生んだ。

その後、都がソンボー・プレイ・クックに移されると、ソンボー様式のもとで、名作が生まれた。例の吉祥天像（図版47・48）は、その金字塔といえよう。それほどに印象深い。その後、プラサット・オンダエトから出た、ハリハラ神像（図版49）のような、特殊な超傑作も生まれたが、作品が徐々に衰退し、アンコール帝国の誕生までまつことになる。九世紀の初めになって、アンコール帝国の設立とともに、新しい創作がなされた。例のクレーン様式がそれで、この時に造られた三体のヴィシュヌ神像は、新鮮でたくましく、生命力にみなぎっていた。

アンコール期に入って、神像の展開は、新都コー・ケーへの遷都といった、短期間の変動もあったが、コー・ケー様式では、重たく、一つの行きづまりを、一部に感じさせる。そこで、都が再びアンコールに戻《もど》されると、その時の王のもとで創造された、新しい息吹きが、バンテアイ・スレイ様式である。小さな寺院、バンテアイ・スレイであったが、そこに彫られた彫刻類には、非常な新しき生命力が、みなぎっていた。

という具合に、クメール美術の展開を遠望すると、新都の設立当初といった時に、新しい新鮮な様式が誕生している。それだけに、新しき王国、新しき都の創建時には、彫刻師たちは、真に高き人生の意義を感じ、それゆえに、創造力にあふれて、緊張した新鮮な作品を、創造したのである。

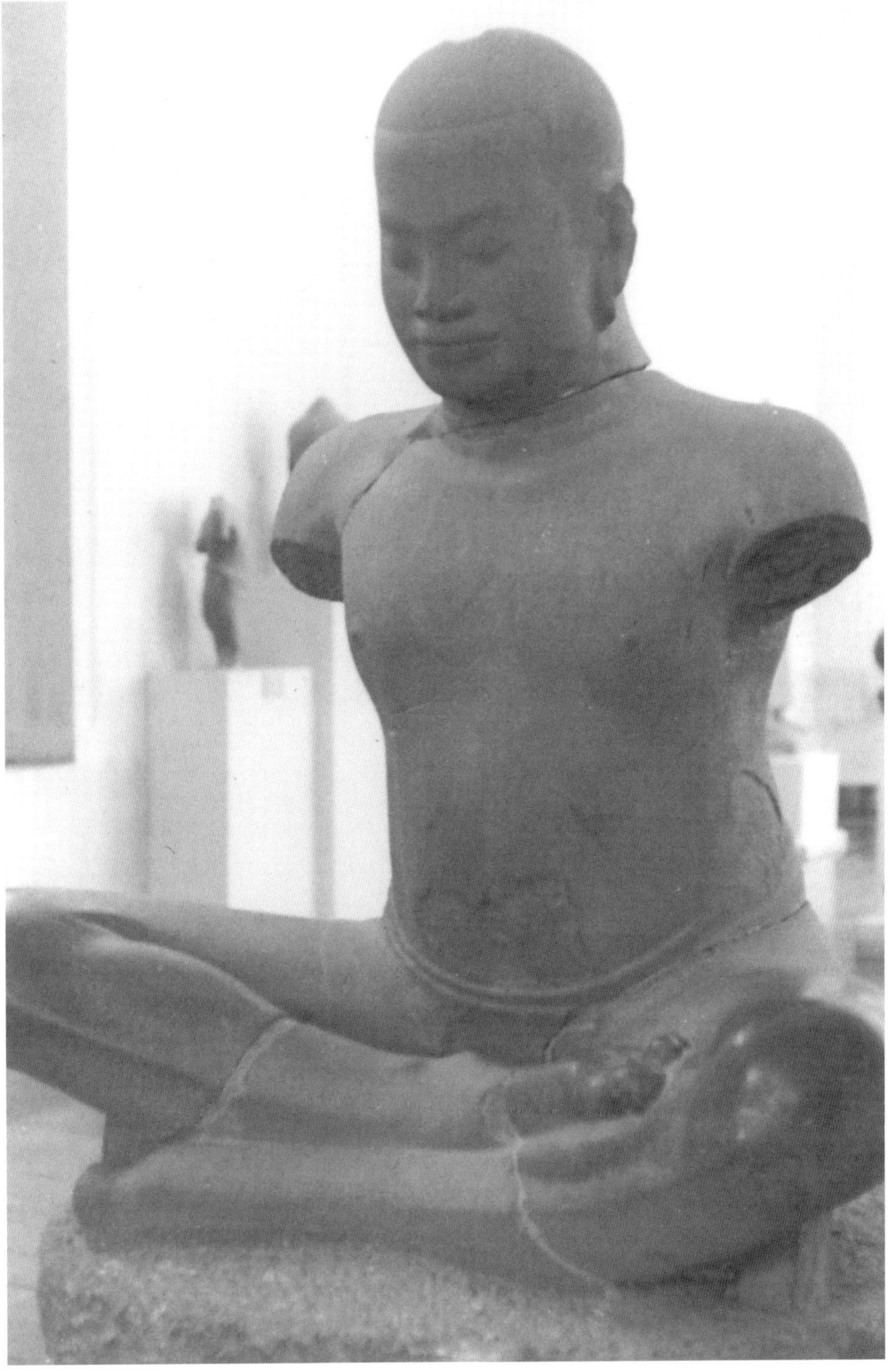

図版32　ジャヤーヴァルマン7世王の肖像、アンコール遺跡群、クラオル・ロミア出、12世紀末、高1.23m、石造、偉大なクメール仏教王

図版 33　プノン・ペン国立博物館の正面入口、1920 年、大正 9 年開設

図版 34　プノン・ペン国立博物館の中庭、堂内には、石造のヤマ神像、閻魔王像、13～14 世紀作が安置される。

図版 35　ヴィシュヌ神像、聖山プノン・ダのプラサット・プノン・ダ出、6 世紀作、高 2.7m、石造、プノン・ダ様式

図版 36　パラシュラーマ神像、タカエウ州プノン·ダ出、6 世紀作、高約 1.5m、石造、プノン・ダ様式

図版 37　ラーマ神像、タカエウ州プノン・ダのプラサット・プノン・ダ出、6 世紀作、高 1.85m、石造、プノン・ダ様式

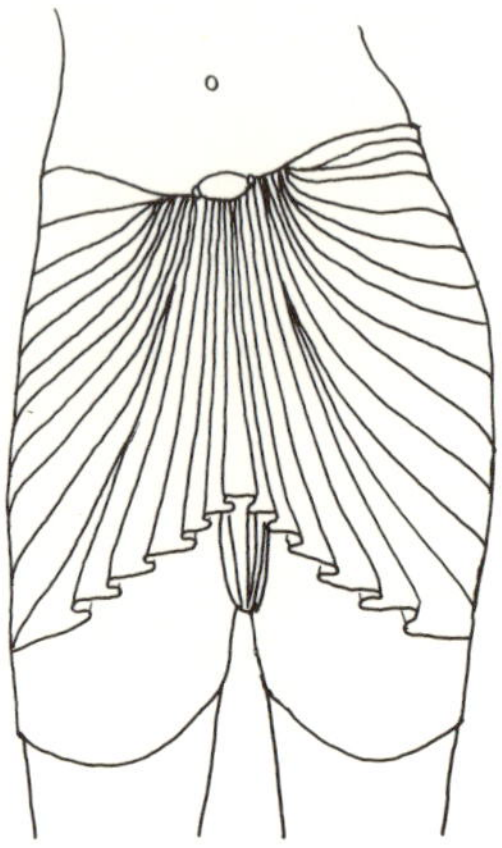

挿図 17　バララーマ神像の腰衣、図版 38

図版 38　バララーマ神像、タカエウ州プノン・ダのプラサット・プノン・ダ出、6 世紀作、高 1.76m、石造、プノン・ダ様式

図版 39　クリシュナ神像、ゴーヴァルダナ山を右手でもちあげる、タカエウ州プノン・ダ出、6 世紀作、高 1.55 m、石造、プノン・ダ様式

図版 40　聖山プノン・ダの石窟、タカエウ州

図版 41　ヴィシュヌ神像、プレイヴェーン州ツーオル・ダイ・ブオン出、6 世紀作、高 1.85 m、石造、プノン・ダ様式

図版 42　仏陀像、タカエウ州ワット・ロムロク出、6 世紀作、高 1.34 m、石造

図版 43　ハリハラ神像、コンポン・トム州ソンボー・プレイ・クックの北群の第 10 堂出、7 世紀作、高 1.66 m、石造、ソンボー様式

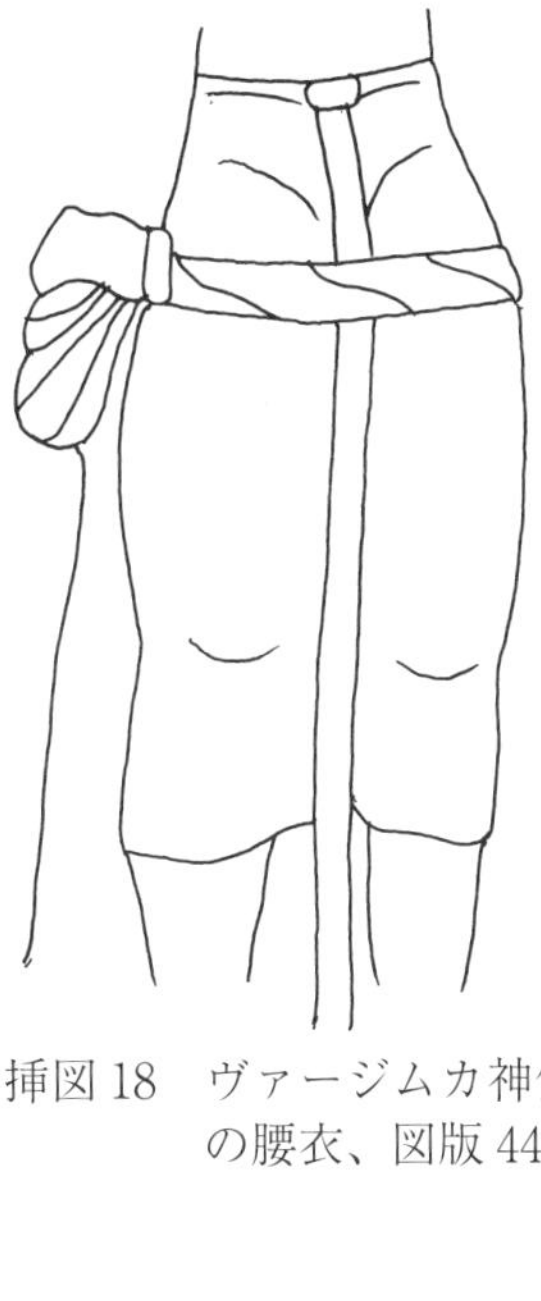

挿図 18　ヴァージムカ神像の腰衣、図版 44

図版 44　ヴァージムカ神像、ヴィシュヌ神の化身、コンダール州クック・トラップ出、7 世紀作、高 1.35 m、石造、ソンボー様式

図版45　ヴィシュヌ神像、ストゥン・
トゥラエン州コンポン・チャム・カウ
出、7世紀作、高1.80m、石造、
ソンボー様式

図版46　ブラフマー神像、コンポン・トム州ソンボー・
プレイ・クックの北群第22塔出、7世紀作、
高約1m、石造、プレイ・クメン様式

図版 47　ラクシュミー女神像、吉祥天像、
コンポン・チャーム州
コ・クリエン出、7 世紀作、
高 1.30 m、石造、ソンボー様式

図版 48　ラクシュミー女神像、吉祥天像、
コンポン・チャーム州、コ・クリエン出、
7 世紀作、高 1.30m、石造、ソンボー様式

図版 49　ハリハラ神像、コンポン・トム州
プラサット・オンダエト出、
7 世紀後期作、高 2m、石造、
プラサット・オンダエト様式

挿図 19　ハリハラ神像の
腰衣、図版 49

図版 50　観世音菩薩像、シエムリアップ州
アンコール遺跡群のアック・ヨム出、
7 世紀末〜8 世紀初期作、高 35㎝、
青銅製、プレイ・クメン様式

図版 51　プラサット・オンダエト、
コンポン･トム州コンポン･トムの西北西、
7 世紀建立、2019 年撮影

図版52　ヴィシュヌ神像、シエムリアップ州プノン・クレーンのプラサット・ダムレイ・クラップ出、9世紀作、高1.76m、石造、クレーン様式

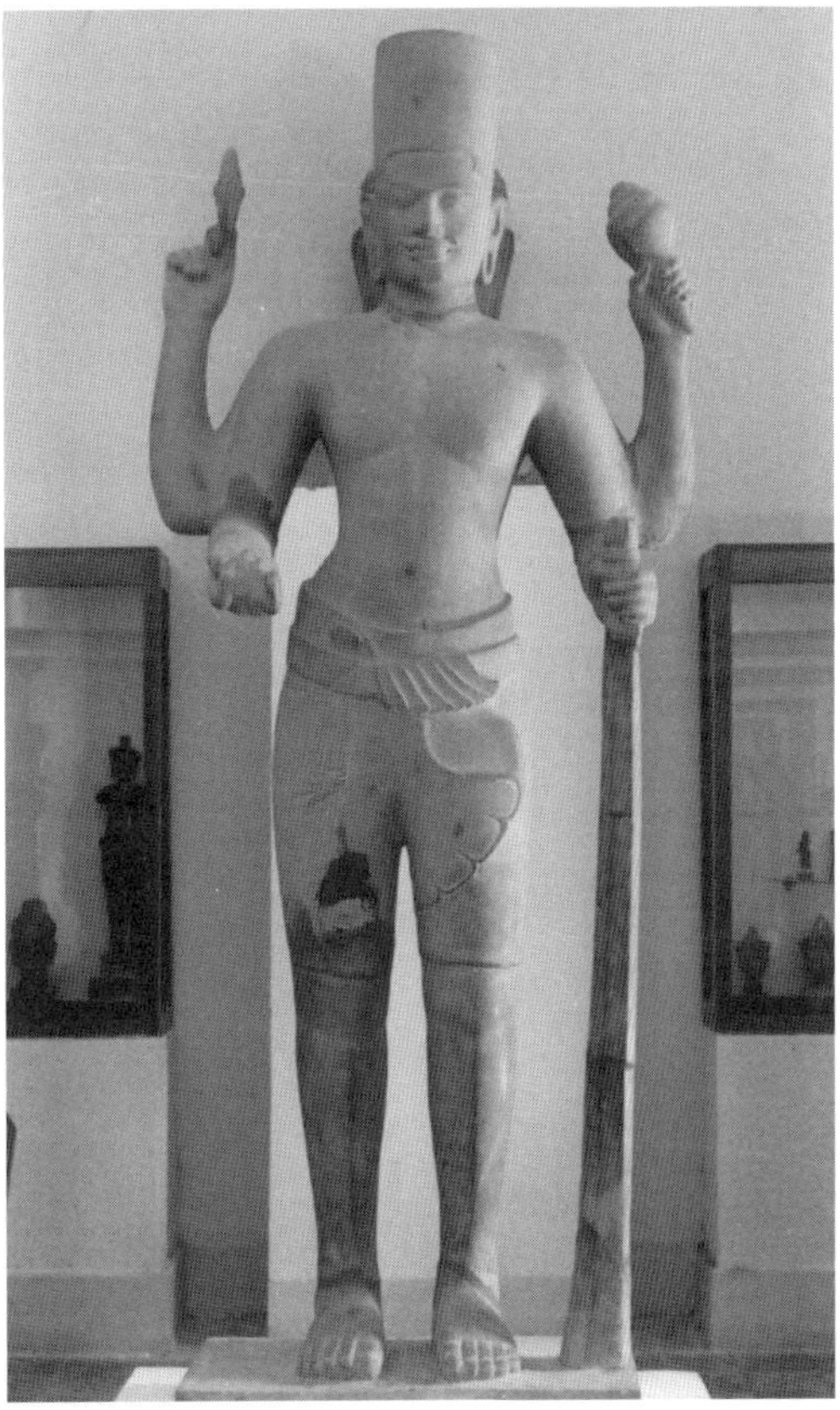

挿図20　ヴィシュヌ神像の腰衣、図版52

図版53　シヴァ神、出所不明、高1.65m、石造、プリア・コー様式

図版54　ヴィシュヌ神像、アンコール遺跡群のバコン出、9世紀作、高1.59m、石造、プリア・コー様式

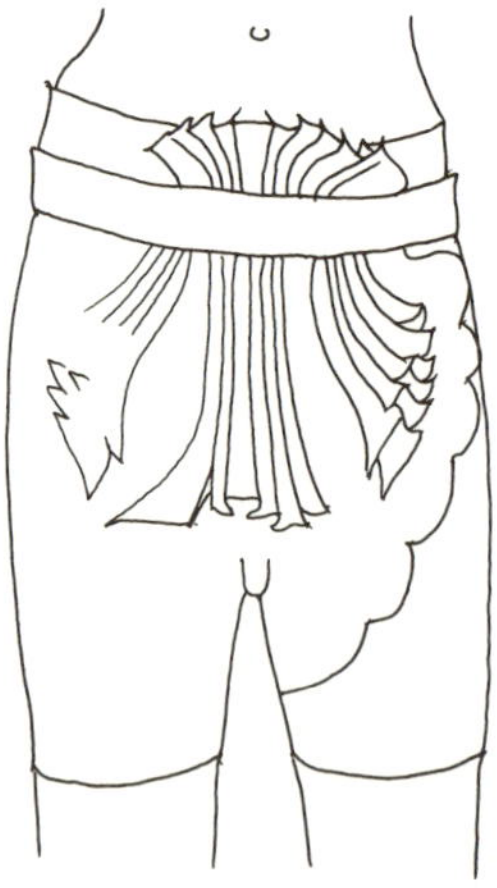

挿図21　ヴィシュヌ神像の腰衣、図版54

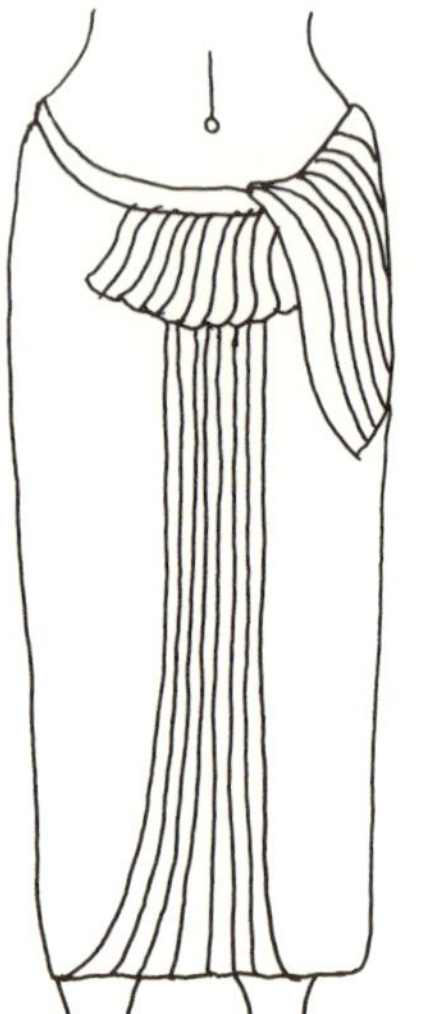

挿図22　ガウリー女神像の腰衣、図版55

図版55　ガウリー女神像、シヴァ神の妻、アンコール遺跡群のロレイ出、9世紀作、高1.74m、石造、プリア・コー様式

図版 56　シヴァ神像、プレア・ヴィヘア州
コー・ケーのプラサット・
クラチャプ出、10 世紀作、高 1.38 m、
石造、コー・ケー様式

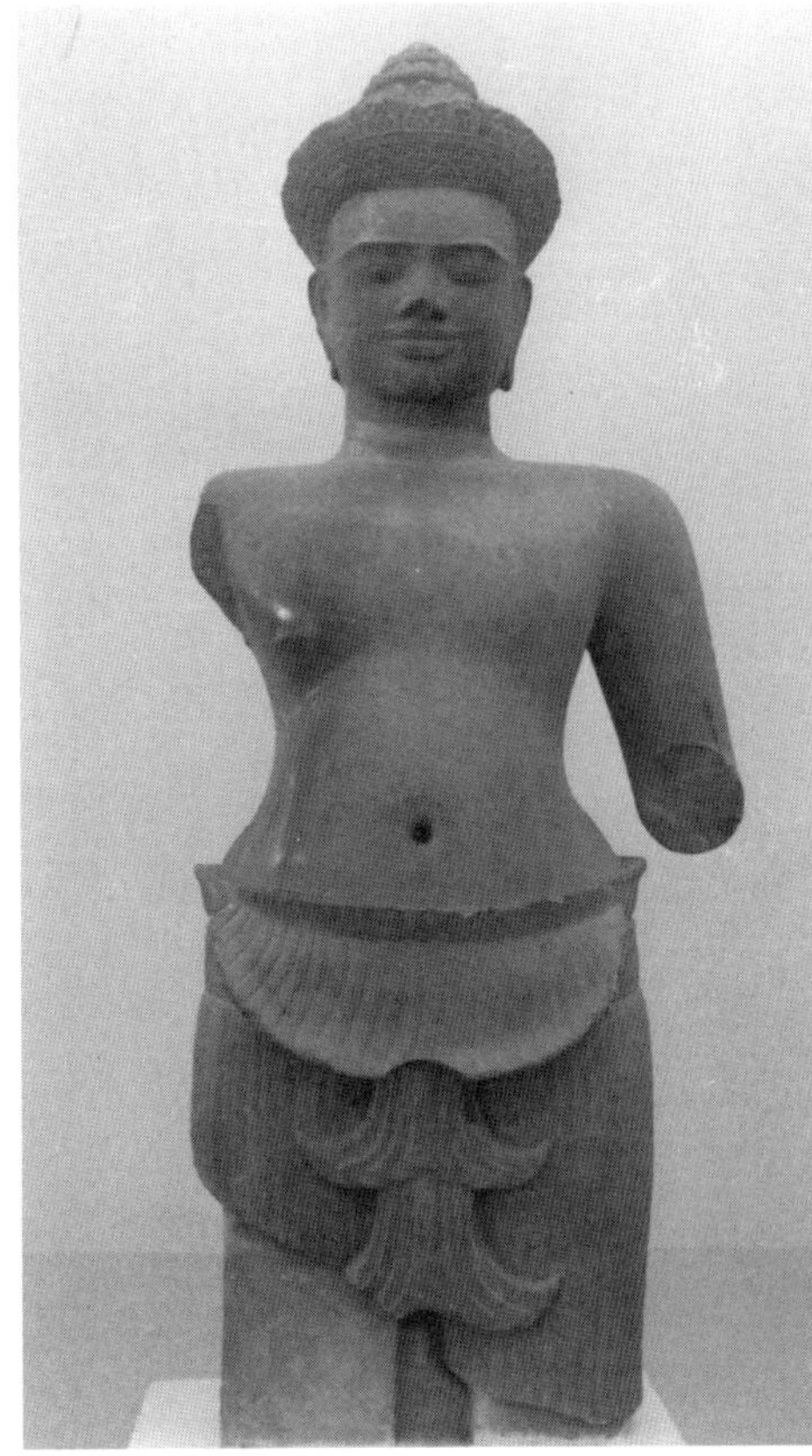

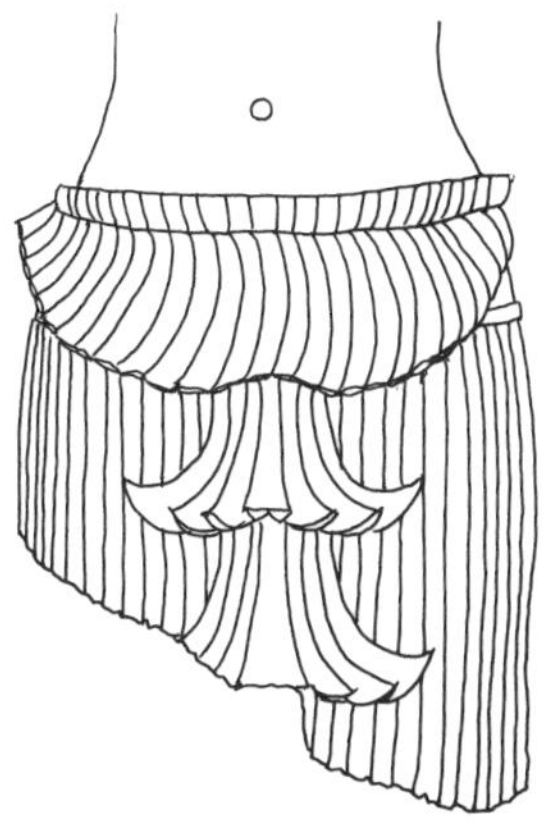

挿図 23　シヴァ神像の腰衣、
図版 56

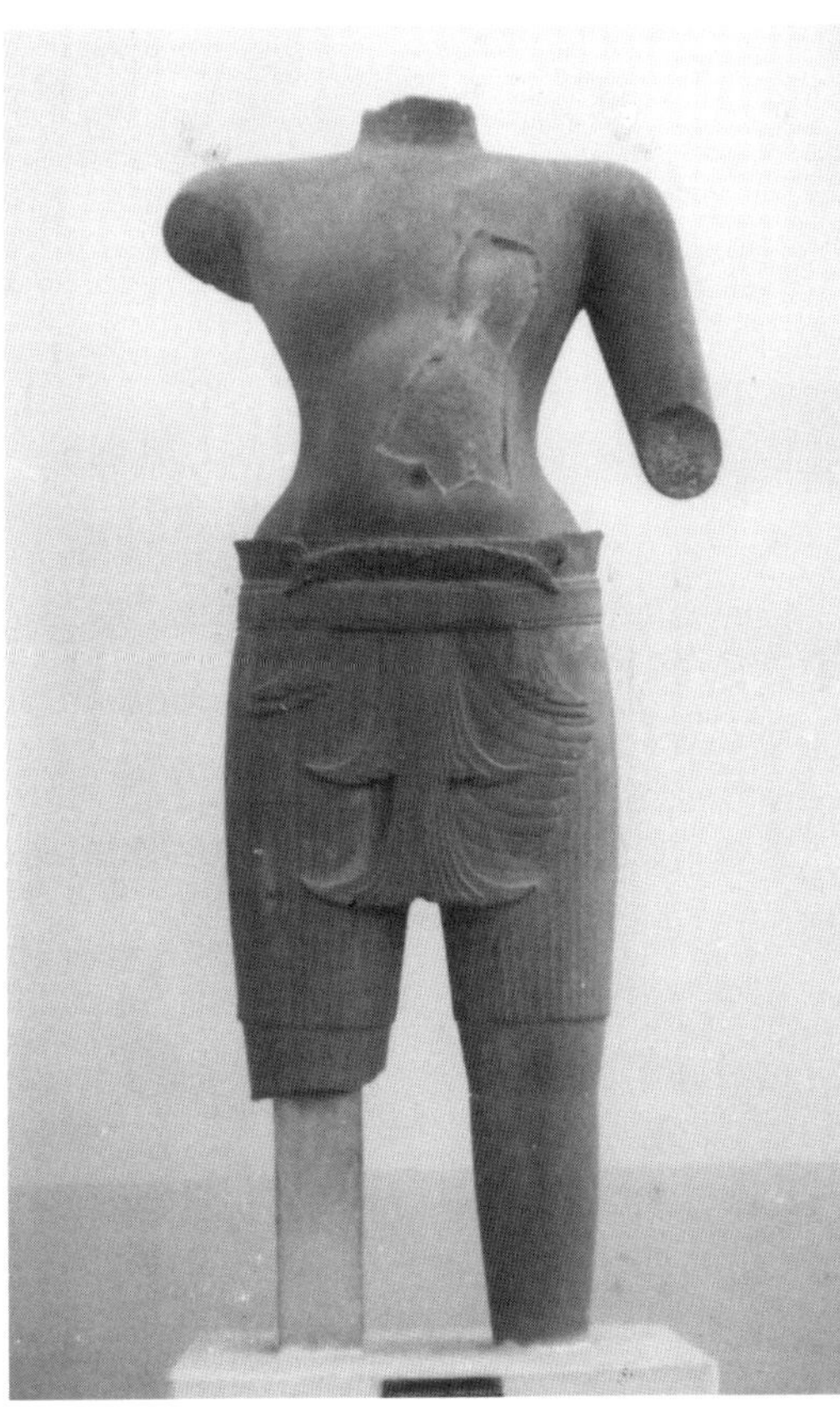

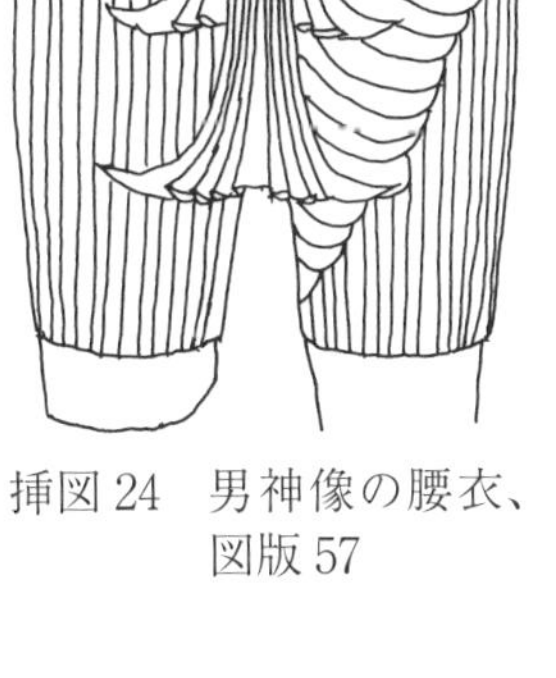

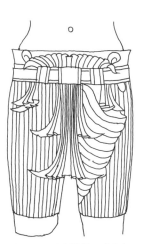

挿図 24　男神像の腰衣、
図版 57

図版 57　男神像、アンコール遺跡群のプノン・
バカエン出、10 世紀初期作、高 1.51 m、
石造、バケン様式

図版 58　鳥ガルダ像、プレア・ヴィヘア州コー・ケーのプラサット・トム出、10 世紀作、高 2.13m、石造、コー・ケー様式

図版 59　女神像、「ブラック・プリンセス」、プレア・ヴィヘア州コー・ケーのプラサット・ニエン・クマウ出、10 世紀作、高 1.08m、石造、コー・ケー様式

図版 60　猿スグリーヴァとバーリン像、プレア・ヴィヘア州コー・ケーのプラサット·チェン出、10 世紀作、高 2.87 m、石造、コー・ケー様式

挿図 25　ヴィシュヌ神像の腰衣、図版 61

図版 61　ヴィシュヌ神像、出所不明、高 1.5 m、石造、バンテアイ・スライ様式

図版 62　ブラフマー神像、バッドンボーン州モンコール・ボレイのプノン・プラサット・ラック出、10 世紀後期、高 1.06 m、石造、クレアン様式

挿図 26　ブラフマー神像の腰衣、図版 62

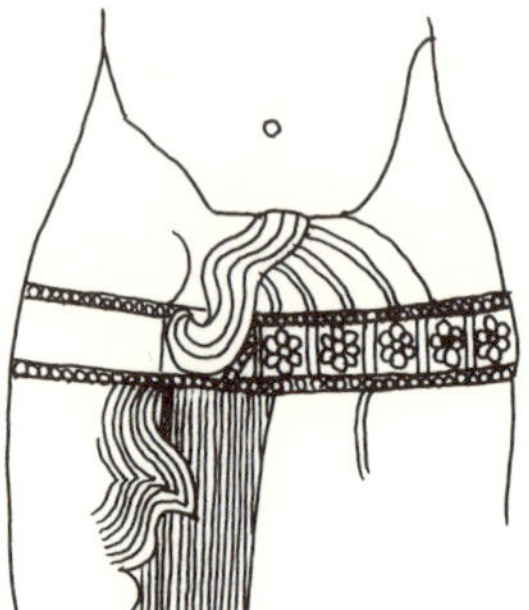

挿図 27　ヴィシュヌ神像の腰衣、図版 63

図版 63　ヴィシュヌ神像、アンコール遺跡群のプノン・ボック出、11 世紀作、高 1.34 m、石造、バープオン様式

図版 64　ラクシュミー女神像、吉祥天像、シエムリアップ州トラペアン・トゥーン・トウンガイ出、11 世紀作、高 94cm、石造、バープオン様式

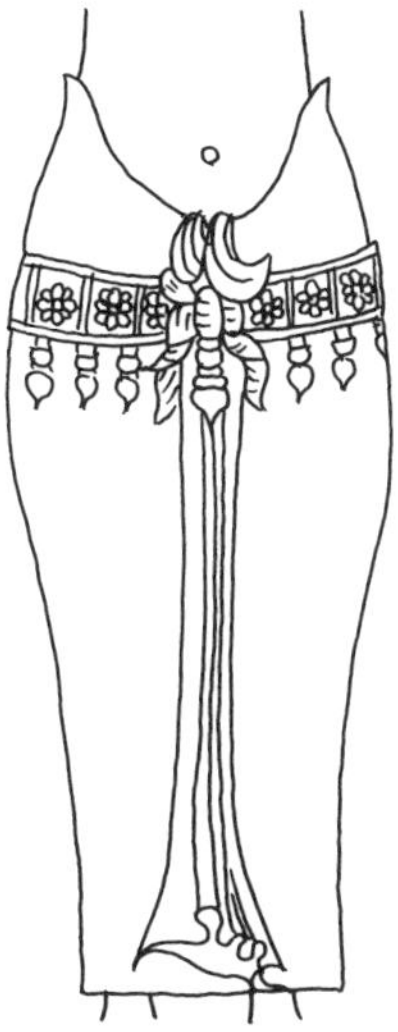

挿図 28　ラクシュミー女神像の腰衣、図版 64

図版 65　女神像、コンポート州サムラン出、11 世紀作、高 1.33m、石造、バープオン様式

図版 66　仏陀像、蛇上仏、バンテアイ・ミアン・チェイ州シソポーン地方の洞窟出、高 87cm、石造、アンコール・ワット様式

図版 67　仏陀像、蛇上仏、コンポン・チャーム州ペアン・チェアン農園出、高 1.15m、石造、バープオン様式

図版 68　ヴィシュヌ神像、シエムリアップ州ワット・クナット出、12 世紀作、高 1m、石造、アンコール・ワット様式

挿図 29　ヴィシュヌ神像の腰衣、図版 68

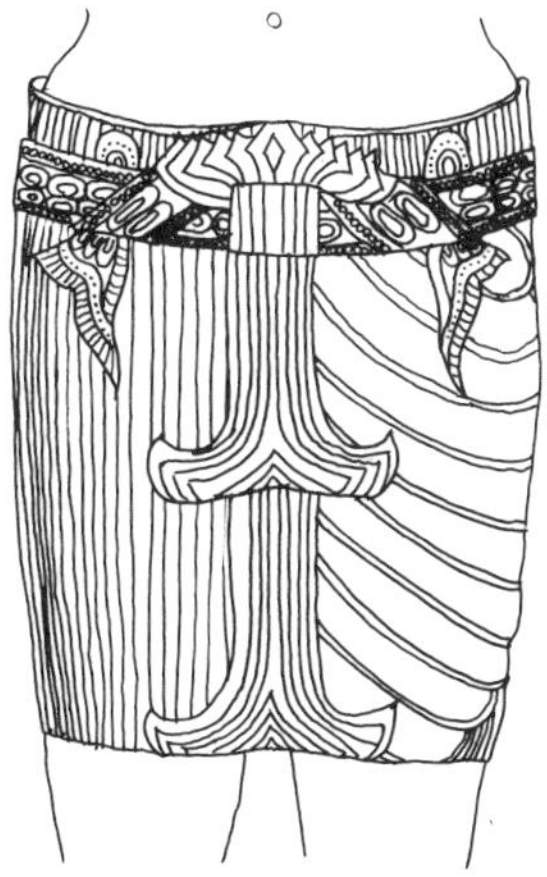

図版 69　ヴィシュヌ神像、アンコール遺跡群の西メボン出、11 世紀作、高 1.44 m、青銅製、バープオン様式

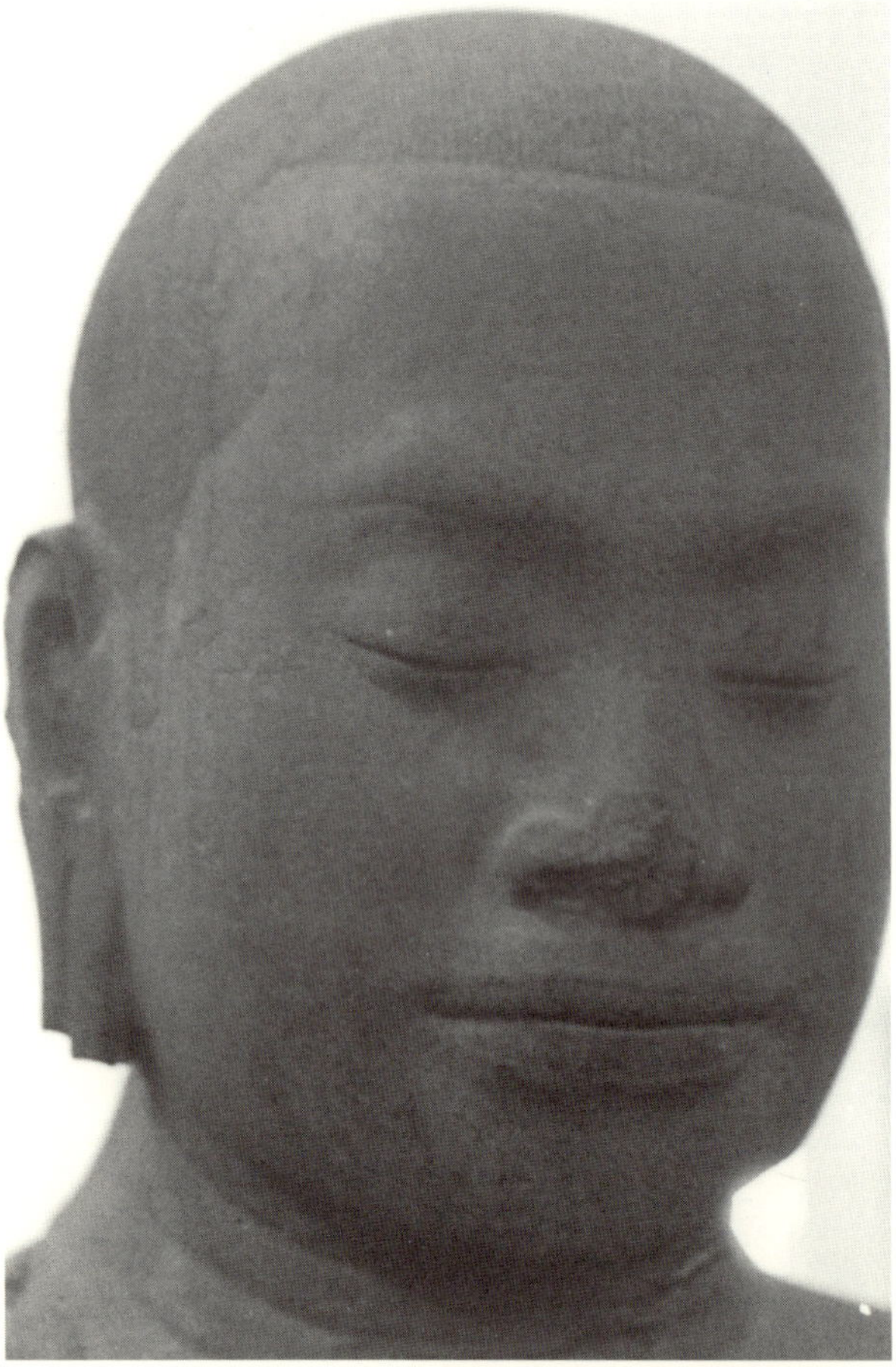

図版 70　ジャヤーヴァルマン 7 世王の尊顔、アンコール遺跡群のクラオル・ロミア出、12 世紀末作、高 1.23m、石造、バイヨン様式

図版 71　ジャーヴァルマン 7 世王の肖像、アンコール遺跡群のクラオル・ロミア出、12 世紀末作、高 1.23m、石造、バイヨン様式

図版 72　観世音菩薩像、アンコール遺跡群のアンコール・トムの死者門出、12世紀末〜13世紀初期作、高2.12m、石造、バイヨン様式

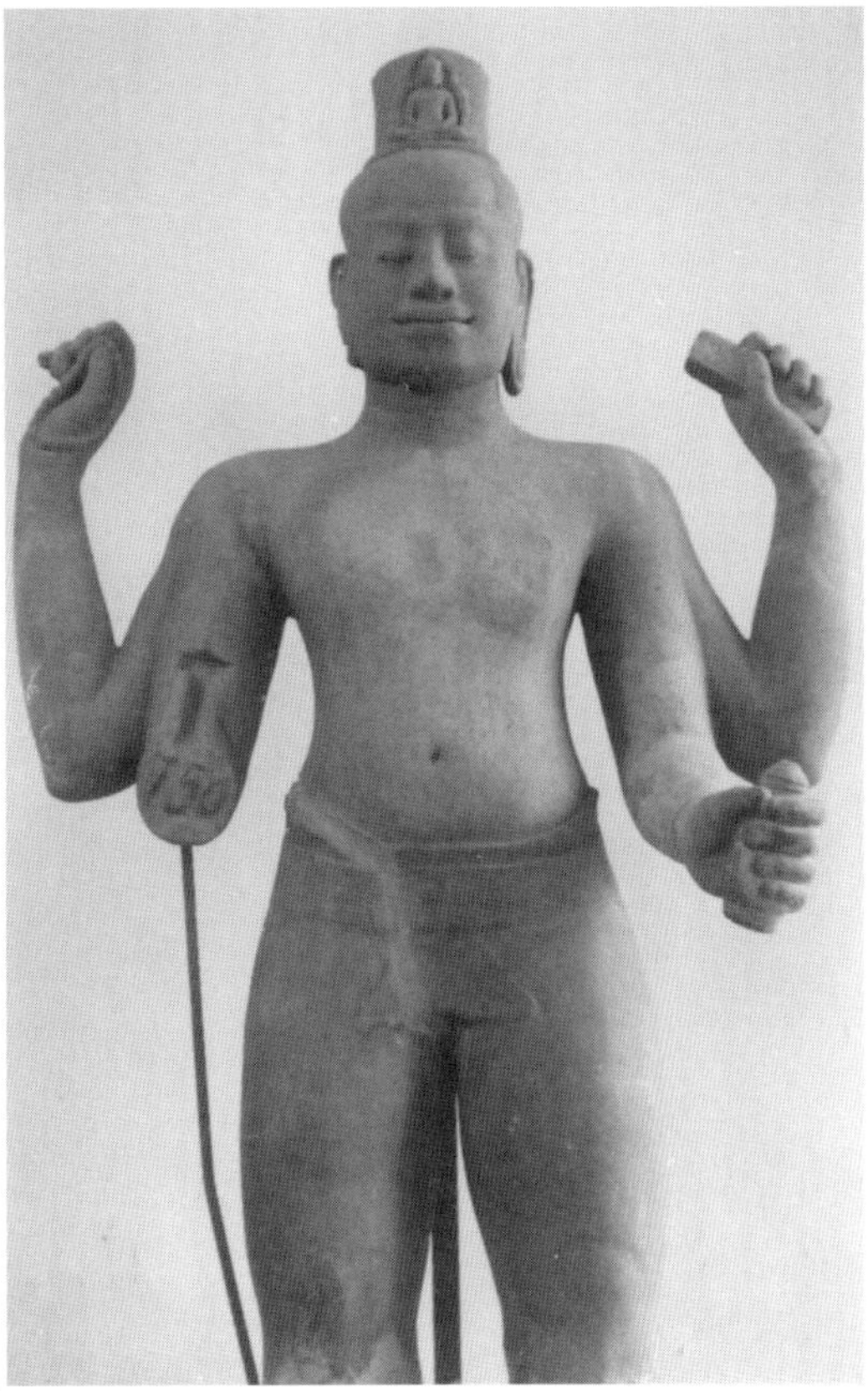

挿図 30　観世音菩薩像の腰衣、図版 72

図版 73　観世音菩薩像、天人放射観音像、アンコール遺跡群出、12世紀末〜13世紀初期作、高約1m、石造、バイヨン様式

図版 74　般若波羅蜜菩薩像、ジャヤーラージャデーヴィー妃の肖像、アンコール遺跡のプレア・カン出、12 世紀末～13 世紀初期作、高 1.1m、石造、バイヨン様式

図版 75　ラクシュミー女神像、吉祥天像、シソポーンのバンテアイ・タップ出、12 世紀末～13 世紀初期作、高 2.1m、石造、バイヨン様式

図版 76　仏陀像、蛇上仏、アンコール遺跡群のアンコール・ワット出、12 世紀末〜13 世紀初期作、高 1.6m、石造、バイヨン様式

図版 77　仏陀像、蛇上仏、アンコール遺跡群のバイヨン出、13 世紀作、高 93㎝、石造、後バイヨン様式

図版 78　仏陀像、アンコール遺跡群の
アンコール・ワット出、15 世紀作、
高 2.45 m、木造、後バイヨン様式

図版 79　アンコール・ワットの
十字廻廊内の仏像群、
1968 年撮影

挿図31　カンボジアを中心とするクメール遺跡地図

第四章

仰望　プレア・ヴィヘア

一、はじめに

プレア・ヴィヘア寺院は、カンボジアのクメール遺跡のうち、きわめて壮大な遺構群にして、有名なアンコール・アットを凌《しの》ぐほどの、大遺跡である。この寺院の存在は、かつてカンボジア紙幣に、印刷されたほど、知られていた。しかし、その位置が、カンボジアとタイ国との国境にあることから、この地への訪問は、むずかしかった。また、過去に、この寺院跡をめぐって、カンボジアとタイ国との間で、つめたい紛争《ふんそう》もあった地である。

この寺院跡は、カンボジアのクメール語で、「プレア・ヴィヘア」と、タイ国のタイ語で、「プラサート・プラ・ウィハーン」と、呼ばれる。この大遺跡は、むしろ、タイ国側から訪れやすい、地理的景観を呈している。カンボジアのクメール族の遺産、クメール遺跡ではあるが、カンボジア側からは、訪れにくい小道となっていた。つまり、その位置は、タイ国東北部のドンレーク山脈の山中にあり、シーサケート県のシーサケート町の南に当たる。

その正確な行き方は、首都バンコクより汽車で、先のシーサケートまで行く。そこから車で、六十二キロ離れた、アンプー・カンタララックまで進み、さらに二十四キロ密林の中を過ぎると、最後の小さな村、プムサーロンに至る。そこから十キロ、荒れた狭い道を進んで、遺跡に達する。先のシーサケート町より遺跡まで、車で、約二時間かかった。

しかし、現在のプレア・ヴィヘアへの行き方は、カンボジアのシエムリアップ町より、アンロンベンへと至る。そこからスラアェムへと進み、またそこから約二十キロ行くと、この大遺跡の山麓に着く、といわれる。この大寺院跡は、カンボジアの領土内に、位置しているのである。

遺跡は、山の傾斜した斜面に、長い参道の階段とともに、様々な石造の御堂が建ち並ぶ。その構成は、北側から登って、南側の山頂へと至れるようになっている。その山頂は、海抜が六五七メートルで、遺跡の全長は、八九六・五メートルある、といわれる。それは、約一キロもある。まさに、過去のカンボジアに栄えた、アンコール帝国（九〜十五世紀）がもたらした、クメール最大の遺跡といえる。

この寺院の遺跡については、大変に古くエモニエ氏（一九〇一年）や、パルマンティエ氏（一九三四年）による、フランス人の古典的な調査記録があった。最近では、ジョン・ブラック氏による、良き書物の出版（一九七六年）もなされた。

この寺院の遺跡の全貌、特に、この聖殿がかつて果《は》たした、信仰上の役割・意義は、何なのか。それを知るためには、そこに残った碑文の内容の理解と、そこに掘り出された、浮彫作品の意味する主題が、貴重な手掛かりとなる。特に、碑文は、この遺跡に、割とよく残っていたことから、先の意義について、きわめて感謝いたしたい情報を、伝えてくれていた。

その碑文の解読を通じて、この遺跡は、ヒンドゥー教のシヴァ神のリンガを、本尊として祀《まつ》った聖殿であった。九世紀のヤショーヴァルマン一世王の時代より、十二世紀のスーリャヴァルマン二世王の治世まで、アンコール帝国のきわめて神聖なる霊場であったことが、うかがい知られた。

なお、いいそえておくと、ヤショーヴァルマン一世王は、アンコールの山頂にある、プノン・バカエンを。そして、スーリャヴァルマン二世王は、アンコール・ワットを、各々に建立した、偉大な王として知られる。

二、寺院の構成

この寺院は、基本的に、中央祠堂が最も重要な中心点と、考える。そこへと至るまでの楼門等は、それに付いた聖殿物にすぎない。したがって、当時の参拝者は、北側より、第一楼門・第二楼門・第三楼門・第四楼門をぬけて、最後に中央祠堂へ入り至る。そこで後にのべる、第三楼門・第四楼門の、東西に付属する聖殿物類は、その楼門を中心とした、付け加えの遺構とみる。これより、挿図32に示した、伽藍《がらん》の配置図をみていただき、下の麓から上へと、案内していくこととする。

この寺院の遺跡は、なだらかな山の山頂の斜面に、参道にあたる階段とともに、建ち並べられた。ここでは、北側より南側の中央祠堂に向けて、順に歩くこととなる。遺跡の全長は、なんと八九六・五メートルある。中央祠堂の背後の山頂は、海抜が六五七メートルである、と聞いている。

まず、最初に現われるのは、全一六二のステップよりなる、砂岩製の階段が続く。この階段は、幅が約九メートルある巨大な石である。次には、やや幅の狭い、全五四段の階段が、現われる。この階段の幅は、四・五メートルある。この階段の左右両側には、砂岩製のライオン像が、北に向いて並べられる。しかし、現在、残念ながら、それらのほとんどは、壊《こわ》れて、あるいは消失してしまっていた。

さらに、その次には、幅が約十二メートル、長さが三十一メートルのテラスが出現する。テラスといっても、長い参道を形どり、その左右の両側には、砂岩製の蛇ナーガが、欄干《らんかん》として造られていた。この蛇は、頭を北方に向け、その作風は、十一世紀の作とみなされる。各蛇の胴体は、全二十三個の巨大な岩を、連結させて造り、その胴体の厚さは、約一メートルある。

第一楼門

この楼門ゴープラ（図版81・82）は、全体に十字形の構築プランをなし、東西の幅が約二十四メートルあり、砂岩製ブロックの積み上げによる、聖殿物である。しかし、残念ながら、基壇部の上にのる、十字形の祠堂部の本体は、石柱のみが残るという感じにまで、壊《こわ》れてしまっていた。

入口は、東西南北の四面にあり、この楼門の内部には、何も残っていなかった。装飾浮彫は、東面入口の破風《はふ》と楣《まぐさ》（図版83）が、美しく残っている（挿図32－㋑）。他の西面・北面・南面のそれらは、壊れて見られない。この楼門の屋根は、本来、木製で、その梁《はり》がわたされていた。しかし、それらはすでに消失し、その上をおおっていた瓦の幾つかが、この楼門の近くから見つかっていた。

なお、この楼門の東側には、小道があり、密林を通じて下方のカンボジア領の平地へと、出れるようになっている。しかし、この道のかつての階段は、現在、すべて壊れてしまっていた。

この第一楼門の背後、南側には、再び幅が十一メートル、長さが二七五メートルもある、実に長い参道が続く。これは階段ではないが、傾斜をもって、岩で舗装された道、石畳にしている。その左右の両側には、高さが二・一五メートルの砂岩製の石柱が並ぶ（図版86）。

石柱の先端は、蓮華の莟《つぼみ》の形をしている。しかし、ほとんどの石柱は、倒れて壊《こわ》されてしまっていた。それらは本来、両側にそれぞれ、六十九本ずつ立っていたと数えられ、全部で一三八本もあった。これまでに、象などによって、倒されたといわれる。

この石畳の参道を、かなり登った左側、すなわち東側にある小道を、やや入った所に、図版4に示した水濠《すいごう》（挿図32－Ⓛ）がある。長方形で、一八・三×三六・五メートルある、砂岩製の階段状の水濠である。現在でも、その下の方には、水が入っていた。かつて参拝者のための沐浴《もくよく》の聖池として、用いられていたのであろう。

第二楼門

この楼門（図版88）は、先の第一楼門よりもさらに大きく、東西の幅が三十八メートルある。同様に十字形の構築プラン、となっている。この建物の内部には、当時の神像等、何も残っていなかった。その東西に出た建物が、よく保存されている。残念ながら、この建造物の屋根は、すでに消失していたが、当時は木造の梁《はり》がわたされ、その上に瓦《かわら》がふかれていたものと、思われる。その梁《はり》を入れた穴の跡が、破風の内部に残っている。

なお、この楼門には、幾つかの破風の浮彫が、認められるが、後でのべる南側の入口の破風に施された浮彫（挿図32－ロ）は、注目に値する（図版87・88）。

第二楼門の背後には、再び参道（図版89）が続く。今度の参道は、さらに幅が広くなり、幅が約十一メートル、全長が一四八メートルもある。前の参道と同様に、石畳である。その左右の端には、先端が蓮華の蕾《つぼみ》状となった、砂岩製の石柱が並ぶ。その数は、片側に四十本、合計で八十本があったが、これらも壊《こわ》れてしまっていた。

なお、第二楼門の背後の、やや南へ参道にそって進んだ、向かって左側、すなわち、東側には、小路がある。その小路を東へ進んだ所には、砂岩製のブロックで造った、階段状の水濠《すいごう》（挿図32－Ⓚ）がある。その大きさは、九・四×九・四メートルの正方形で、その深さは、約三メートルある。これはおそらく、祭式用に確保するための、聖水「清め水」の池であったか、と思われる。

第三楼門

この楼門（図版91）も、十字形の構築プランをなし、その保存状態は、先の第一・第二楼門と比べると、かなりよく残っていた。東西軸の幅は、約三十六メートルあり、入口は、北側と南側にのみある。屋根は、消失して、無いが、木製の梁《はり》がわたされ、その上に瓦《かわら》がふかれていたものと思われる。その梁《はり》を入れた、方形の穴跡が、いまだに残っている。

現在、聖殿物の内部には、何も残っていない。特に、この第三楼門で注目する個所は、入口の破風の浮彫等（図版93〜95）が、かなりよく保存されている（挿図1－ホヘト）。この破風については、後でのべるが、特に、東側の入口を入った所の、内部の破風（挿図32－チ）は、芸術的に高く称賛される（図版96）。

この第三楼門の東側と西側には、それぞれ廻廊上の附属聖殿物（図版97・98）が、設けられている。東西の幅が三十六メートルある。この二基は、完全に屋根が消失し、窓は、石造の八本の連子格子となっている。この連子格子をはめ込んだ廻廊風の聖殿物は、いかにも、アンコール・ワットの廻廊と、類似している（挿図32－Ⓘ・Ⓙ）。

第三楼門の背後には、再び、長さが約三十六メートルある、参道が設けられる。その幅は、約十三メートルある石畳の参道である。その左右の両側には、石造の蛇ナーガの欄干《らんかん》が、その頭を北に向けて、横たわる。その蛇の内側には、前と同じく、右側に九本、左側に九本の石柱が、並んでおり、これらもすでに壊《こわ》れてしまっていた。

第四楼門

最後の楼門に当たる、この聖殿物（図版99）も、十字形の構築プランをなし、その東西軸の幅は、約二十二メートルある。入口を南と北にだけ開けて、屋根は、同様に消失してしまった。本来は、瓦《かわら》がふかれていたものと思われる。

ただ、この楼門は、東西軸の先端が、東西に配される廻廊と連結していることを、特徴とする。これは、本来、十字形の楼門に、廻廊を単に左右に建て加えたものとみる。なお、この楼門の内部にも、神像等が何も残っていなかった。

先の廻廊は、ともに幅が約二十八メートルあり、外側が窓のない壁となっている。この廻廊の南側には、「経蔵」（挿図32－Ⓕ・Ⓖ）とみなされる石造の聖殿物が、二基ある。さらに、挿図32－Ⓗの聖殿物は、中央祠堂へと入る、前室にあたる。この屋根も、本来、瓦《かわら》ぶきであった、と思われる。この前室は、当時、この中で、踊り子たちによる舞踊の供養がなされ、神への奉納がなされたのだろう。

中央祠堂

プレア・ヴィヘア寺院の中心にあたる聖堂である。この神聖な中央祠堂（挿図32－Ⓐ・Ⓑ）は、砂岩のブロックを積みあげて建てた、「塔堂」と「祠堂」（図版100・101）との、連結からなる。この中央祠堂（挿図32－Ⓐ）には、本来、シヴァ神の性標、リンガが、安置し、祀《まつ》られてあった。しかし、現在では、それが消失してしまっていた。この中央祠堂の全体のプランは、タイ国東北部のピマーイ寺院や、パノム・ルン寺院のそれと、同様である。

また、この中央祠堂を囲んで、方形の廻廊（図版103）がめぐらされ、その大きさは、南北の幅が約四十二メートル、東西の幅が三十一メートルある。東側と西側の廻廊には、それぞれ一つずつの入口が、設けられ、北面の正面入口を除いて、その二つの入口から外へ出れるように、設計されている。

この廻廊の屋根も、瓦《かわら》ぶきであった。ただ、挿図32の南側Ⓒの廻廊のみが、完全に石造の屋根であった。なお、この廻廊の内側には、アンコール・ワットと同様な、連子格子の窓が設けられ、その石造りの連子格子は、ほとんどが、消失してしまっていた（図版103）。

この中央祠堂を囲む、廻廊の東側と西側には、それぞれ大型の聖殿物が、二基、残っている。まず、西側のそれ（挿図32－Ⓓ）は、東西の幅が十七メートル、南北の幅が約二十メートルの方形の聖殿物である。これは、全体に「田」の字形のプランをなし、屋根は、消失しているが、本来、瓦《かわら》でおおわれていた。その内部には、全部で四つの方形の池の跡がある。これらは、沐浴《もくよく》のための建物であった、と思われる。

さらに、東側の聖殿跡（図版105）は、東西の幅が約十五メートル、南北の幅が約十七メートルある。屋根は、本来、瓦《かわら》ぶきであった。その内部の中央の部屋には、西面と東面とに、全部で四面の石造の衝立《ついたて》があり、注目される。これは、窓や入口に設置され、外から内部がのぞかれないよう、防ぐための衝立《ついたて》と、考えられる。

したがって、この東側の聖殿跡（挿図32－Ⓔ）は、おそらく、中央祠堂の本尊、シヴァ神に向けて供養するための、踊り子たちの、控え室、衣裳着替え室、であったのではなかろうか。なお、この供養女としての踊り子の存在は、碑文（K三八三）の中に記され、認められる。

断崖絶壁

さて、中央祠堂の廻廊の南側より南へ四十四メートル、さらに進むと、山頂の先端、すなわち、断崖絶壁（図版104）となる。その頂上、頂点から落下すること、五四七メートルにして、下の平地、カンボジア領にいたる。この頂点、先端から下方のカンボジア領の平原への眺めは、実にすばらしい。この寺院跡の、最大の魅力となっている。「すごい」の一言につきる。

三、破風の浮彫

この寺院跡に見る、さまざまな位置の破風には、ヒンドゥー教の神々をテーマとした場面が、表し出された。すでに消失した個所もあり、また、表面が破損や風化によって、みにくい破風の浮彫もある。ここでは、それらのうち、よく保存された浮彫、また、主題が明白にわかり、今後、美術的に愛され、高く賛えられる遺例のみを、とりあげる。

聖山の麓から、頂上へ向けて、第一楼門、第二楼門、第三楼門、第四楼門、中央祠堂の順に、浮彫の作品類を、案内していく。

第一楼門では、その東側の破風（図版83）が、見所である（挿図32－㋑）。それは、日蝕や月蝕をおこす悪魔、ラーフが鬼面で表される。その頭上には、インドラ神が乗る。この神は、聖典『リグ・ヴェーダ』に出る雷の神である。悪魔らを屈服させ、人々を守ってくれる英雄神、戦士のための守護神にあたる。

第二楼門では、その北側の位置（挿図32－㋩）が、注目される。前例と同じく、悪魔ラーフの頭上には、インドラ神が乗る。また、その東側の位置の破風（挿図32－㊁）でも、前例と同じ主題によっている。特に、この破風の下にある楣《まぐさ》の浮彫（図版90）は、再び注目される。

この楣浮彫は、聖典『バーガヴァタ・プラーナ』に説かれた、ヴィシュヌ神の化身、クリシュナ神の神話の一場面である。クリシュナ神が、ヤムナー河に住む、毒蛇のカーリヤを退治している。今や、蛇カーリヤは、クリシュナ神によって、六頭の蛇が真二つに引きさかれた、場面である。この種の同じ浮彫が、アンコール遺跡のバープオンにもあり、知られている。

この第二楼門で、最も賛えられる破風の浮彫は、その南側の入口の位置（挿図32－㋺）に見られる。

これは、有名な「乳海攪拌図《にゅうかいかくはんず》」であり、プレア・ヴィヘア寺院での、最高傑作といえる（図版87）。

　この破風浮彫図に向って、下部の中央には、亀がいる。その上には、柱がのり、その柱には、蛇がとり巻く。その蛇の頭の側には、三人の魔族らが、一方、尾の側には、三人の神々たちがいる。この前と後とで、合計して六人は、今や、蛇をかかえて、たがいに綱引きのように、左右に引きあっている。柱の頂上には、一人の人物が膝まづいて乗り、柱の中程にも、一人の人物が、その柱にしがみつく。そして、その柱の左右には、それぞれ人物をおさめた、円板がある。

　まず、先の亀は、ヴィシュヌ神の化身、クールマである。柱とは、マンダラ山、それをとり巻く蛇が、ヴァースキを表す。そして、綱引きをなす各三人とは、魔族と神々とである。柱の頂上にいる人物は、インドラ神で、柱の中程で柱にしがみつく人物が、再びヴィシュヌ神と解する。また、柱の左右に表された、二つの円板は、その中に、太陽神のスーリヤと、月神のソーマとが彫り出された。

　この浮彫図は、先のクリシュナ神の神話と同様に、聖典『バーガヴァタ・プラーナ』に説かれる。この乳海攪拌図は、その光景をある詩で唱え、また描することによって、土、王家、臣下、国民、王国が、すべてに永遠に、平和で幸福であることを、祈願した浮彫なのである。なお、これと同じ浮彫の大壁面が、アンコール・ワットの第一廻廊にあり、大変に有名である。

　第三楼門では、その南側に、入口が三面あり、それらの破風の浮彫は、すべてによく保存されていた（挿図32－ホヘト）。その主題は、左右の二つの入口（挿図32－ヘト）が同一で、すなわち、下部の中央には、鬼面の悪魔ラーフがいて、その上にインドラ神が乗る（図版94・95）。そして、南側の中央の入口に見る破風（挿図32－ホ）は、先の二面と異なり、鬼面ラーフの上に、雄牛ナンディに乗った、可愛いシヴァ神が拝見できる（図版93）。

　また、この第三楼門の破風浮彫で、重要視される個所は、東側（挿図32－チ）である。そこには、一本の大樹の下に、雄牛ナンディがいて、その上にシヴァ神とその妻ウマが乗る。その左右の下には、日傘を掲げ持つ従者らが見られる。実にあたたかい作品である。この浮彫も、先の乳海攪拌図とともに、この寺院での、構図のすぐれた傑作として、賛《たた》えられる（図版96）。

中央祠堂では、調査中に見つけた、みごとな破風の作品（図版102）を、一つ紹介する。これは、おそらく本来、この中央祠堂の建物自身に付いていて、後に、地面に落ちた破風の部分、と思われる。そこには、左手で剣を持つ、四本腕のシヴァ神が、大きく表されていた。

四、碑文の年代

プレア・ヴィヘア寺院より発見された碑文は、全部で五つある。それらは主に、フランス人の故セデス教授によって、解読された。そのうちの一つは、何と明治十五年、一八八二年に、ベルゲエニユ氏によった。それは、短文の梵語碑で、シャカ暦九六九年（西暦一〇四七年）の年代と、スーリャヴァルマン一世王（一〇〇五～一〇五〇年）の名前を含んでいた。この碑文は、第四楼門の南側より発見された。

このほかの四つの碑文は、プリア・ヴィヘア寺院を考える上で、きわめて貴重である。先のセデス教授による仏訳がある。ここでは、その故セデス教授の著書、『カンボジア碑文集』にある碑文番号にしたがい、のべていく。すなわち、(一)　K三八二、(二)　K三八三、(三)　K三八一、(四)　K三八〇とである。

この四つの碑文には、それぞれに年代が、シャカ暦で記されていた。これらの年代は、大遺跡プレア・ヴィヘア寺院の建立年代を、推察する上で、きわめて貴重な手掛りとなっている。

（一）　K三八二碑文：　この碑文には、シャカ暦八〇三年（西暦八八一年）と、同八一五年（八九三年）との、二つの年代が記された。それらは、明らかに、九世紀のヤショーヴァルマン一世王（八八九～九〇〇年）の治世にあたる。

（二）　K三八三碑文：　この碑には、全四ヶ所に、年代がある。シャカ暦九七二年（西暦一〇五〇年）と、同一〇三五年（西暦一一一三年）と、同一〇四一年（西暦一一一九年）と、同一〇四三年（西暦一一二一年）とである。以上の年代は、十一世紀と十二世紀前半の筆で、そのうちの三つは、十二世紀前半をさし、したがって、スーリャヴァルマン二世王（一一一三～一一五〇年）の治世にあたる。

（三）　K三八一碑文：　この碑には、全三つの年代を含み、シャカ暦九四六年（西暦一〇二四年）と、同九四八年（西暦一〇二六年）と、同九二四年（西暦一〇〇二年）とである。これらは、すべて十一世紀前半の年代で、したがってスーリャヴァルマン一世王（一〇〇五～一〇五〇年）の治世の銘刻となる。

（四）　K三八〇碑文：　この碑には、全五ヶ所に年代が入り、シャカ暦九五九年（西暦一〇三七年）と、同九六〇年（西暦一〇三八年）と、同九六〇年（西暦一〇三八年）と、同九四〇年（西暦一〇一八年）と、再び九六〇年（西暦一〇三八年）とである。これらの年代は、十一世紀前半に属し、それらは、スーリャヴァルマン一世王の時代の碑文である。

以上、プレア・ヴィヘア寺院跡より発見された碑文類に記された年代は、九世紀のヤショーヴァルマン一世王の治世より、十二世紀のスーリャヴァルマン二世王の時代までの、銘刻であった。これらの年代と、現実に残る遺構、聖殿物に見る、建築や美術の様式上の推定年代とあわせて考えて、この大寺院の各所にある遺構の、時代的な位置が、確かめられることになる。

五、碑文の和訳

プレア・ヴィヘアの碑文のうち、ここでは、二つの碑文、(一)と(三)とだけを、取り上げる。特に、(一)K三八三碑文は、アンコール・ワットの建立者、スーリャヴァルマン二世王と、その王師、ディヴァーカラパンディッタ大僧正による、善業、布施行の回想録である。これを拝読すると、今でも人の心を清めてくだされる。発見された、全五つの碑文の中で、実に最も長い文章であった。

碑文中、スーリャヴァルマン二世王は、中央祠堂の内床に、青銅板を敷いたことを、伝えている。また、その国師、ディヴァーカラパンディッタ大僧正は、今日のラオスの遺跡、ワット・プーにまで、巡礼していた。

碑文は、さまざまな個所が消失し、不明な部分がある。そのため、その個所は、「…………」で表している。そんなわけで、やや読みずらい拙訳文であるが、今から約九百年前のクメール族の帝王と、国師との、美徳がうかがい知られる。

(一)　K三八三碑文

この碑文は、一般に「ディヴァーカラ碑」の愛称で親しまれる。中央祠堂の前室(祠堂)の西翼の部分より、発見された、と言われる。また、中央祠堂を囲む廻廊の北側、その廻廊内に、本来あったとも、考えられた。その理由は、この碑文の石碑の大きさに符合する方形の台座が、その北側廻廊にあったからである。

この石碑は、全四面からなり、そのうちの二面が短文である。梵語の韻文を含めた、クメール語碑文で、全七十行よりなる。そのうちの第一面（A面）が四十八行、第二面（B面）が二十二行である。さらに加えて、クメール語による第三面（C面）と第四面（D面）が短く、その第四面は、後世の加筆であった。

第一面（A面）

『三……への敬服、三への帰依、一千回、一万回、一億回、…………河の流れのように、三への敬意を…………。シャカ暦一〇四一年、シャラーヴァナ月………の五日、金曜日、スーリャヴァルマン二世王は、部屋…………間におられた。領主、バラモン僧、王家一族、王子、法律顧問、将軍、主任監査行四名、アナク・サンジャク四名、王宮宝物管理長、ヴラ・ラムヴァーン長、以上、全員が、謁見《えっけん》の間に集まった。

そこで、敬すべき大僧正、聖ディヴァーカラパンディッタ導師は、まさに奉献文を読み上げんとした。スーリャヴァルマン二世王は、…………に降りられ、この奉献文を碑文にして、設置するよう、命ぜられた。

敬すべき聖ディヴァーカラパンディッタ大僧正は、サデヤー地方、ヴヌール・ダナンのご出身、カルマーンタラ派第三部門に属する。若い頃から、霊識ありて習学され研学、聖典を教えること、苦行修行を、常にやめられなかった。

シャカ暦九七二年に御即位なされた、ウダヤーディチャヴァルマン二世王の御世、帝王のための、黄金製リンガが奉安される時、敬すべき聖ディヴァーカラパンディッタ大僧正は、…………祭式を行うために招聘《しょうへい》された。

ハルシャヴァルマン三世王の御世に、敬すべき聖ディヴァーカラパンディッタ大僧正は、第四部門の上席で…………、座長役を引き継ぐために招聘《しょうへい》された。

ジャヤーヴァルマン六世王の御世、帝王の御即位に、帝王は、戴冠式《たいかんしき》を祝賀し、全領主からの御供物を奉納するヴラ・グル役で、完璧に遂行しうる、一聖僧を、探し求めておられた。そこで、帝王は、聖ディヴァーカラパンディッタ導師に、大僧正の尊称を授《さず》けられた。また、帝王は、この大僧正に、お乗せする黄金製肩駕籠《かたかご》、白色日傘、大僧正のお伴役、日傘を掲《かか》げる従者を、授けられた。さらに、帝王は、さまざまな御品、例えば、黄金製鉢、聖台、高杯、水差し、痰壺《たんつぼ》、象、馬、男女使用人を、聖ディヴァーカラパンディッタ大僧正に、授《さず》けられた。

換言《かんげん》すれば、帝王は、それらのすべてを寺々に布施し、かつ供養なされた。また、神像を奉安し、沐浴《もくよく》用の池を掘って造られた。さらに、黄金製鉢、高杯、水差し、痰壺《たんつぼ》、象、馬を、バラモン僧、全階級の教師パンディッタ、貧しき人、全寺々にいる無力な人に、分け与えられた。

ジャヤーヴァルマン六世王が寺々や聖地へと、巡幸される際、…………は、チャームペチャヴァラに向かわれ、聖ディヴァーカラパンディッタ大僧正は、その御巡幸に同行し、全寺々での御供養に、招かれた。

ジャヤーヴァルマン六世王の御兄弟に当たる、ダラニーンドラヴァルマン一世王の御世に、聖ディヴァーカラパンディッタ大僧正は、戴冠式を祝賀し、全御供物を奉納するヴラ・グル役を、なしとげられた。そこで、帝王は、聖ディヴァーカラパンディッタ大僧正に、さまざまな御品々を、授《さず》けられた。すなわち、帝王は、全寺々に、それらを布施し、かつ御供養なされた。沐浴《もくよく》用の池を掘って造らせ、神像を奉安し、高価な御品々を、教師たちに分け与えられた。

それらは、黄金製鉢、高杯、水差し、痰壺《たんつぼ》、象、馬、使用人らを、バラモン僧、全階級の教師バンディッタへ、また貧しき人や無視された人にも、布施をなされた。

　ジャヤーヴァルマン六世王とダラニーンドラヴァルマン一世王との母系の甥《おい》に当たる、スーリャヴァルマン二世王が、神聖なる王位につかれた際、帝王は、戴冠式を行うための、ヴラ・グル役をなす、聖ディヴァーカラパンディッタ大僧正を招聘《しょうへい》された。

　次に、スーリャヴァルマン二世王は、神聖な入門式をまず受け、あらゆる英知を学ばれ、第一にヴラ・グヤから始めて、全祭式をなしおえ、…………に従い、御供物を奉納なされた。そこで帝王は、先の大僧正に、五手付き黄金製肩駕籠《かたかご》、黄金製取っ手付き孔雀羽製団扇《うちわ》二本、白色日傘四本、宝石付き…………の一式を、授《さず》けられた。

　その一式とは、頭飾り、耳飾り、腕飾り、腕輪、首飾り、帯、九種宝石指輪《ゆびわ》、宝台、碗、高杯、水差し、痰壺《たんつぼ》、黄金製鉢…………であった。毎日、宝物庫の外に置かれる品々と、同形の御物、そしてその従者…………。

　大僧正は、スーリャヴァルマン二世王の聖偈《げ》に従いて、毎年、祖先の御霊前に、御供物を捧《ささ》げる、ヴラ・コーティホマ祭、ヴラ・ラクサホマ祭、ヴラ・…………ホマ祭の各祭式を行うため、招聘《しょうへい》された。いかなる結果がでようとも、厳粛《げんしゅく》な慣例《かんれい》にもとづき、導師によって聖火に献ずる御供物は、多くの雨によって、作物を生みだす。厳密《げんみつ》な規定《きてい》にもとづきなす、コーティ・ホマ祭の場合では、定規的なこの上もない成果をもたらす。

　スーリャヴァルマン二世王は、御施物《せもつ》として、あらゆる種類の御品々を、授《さず》けられた。黄金、銀、宝石、宝台、碗、水差し、痰壺《たんつぼ》、村、男女使用人、象、馬、聖なる茶色雌牛《めすうし》などである。

　次に、聖ディヴァーカラパンディッタ大僧正は、全寺々に、御供物を捧げるため、巡礼をなされた。バドレーシュヴァラ寺院（ワット・プー）を始めとし、スーリャヴァルマン二世王が、黄金製肩駕籠《かご》に刻《きざ》みつけた聖偈に従いて、先にのべた貴重な御品々を、さまざまな地方の寺々に、施《ほどこ》された。

聖ディヴァーカラ大僧正、導師のおみ足は、アンジャリ蓮華を咲かせるため、この世の主、スーリャヴァルマン二世王の頭上、それを飾る王冠にそえられよう。大僧正は、シャカ暦一〇三八年、その王冠を、パシュパティ神（シヴァ神）へ献上なされた。

聖ディヴァーカラパンディッタ大僧正は、バドレーシュヴァラ寺院（ワット・プー）に、聖ディヴァーカラタターカと称する池を、掘り造られ、僧院を建てられ、そこに男女使用人をおかれた。また、タンカールのマディヤマデーシャの村々や、それに属する清い土地、さらに男女使用人ら………をも、授《さず》けられた。

そして、大僧正は、次の人や御品を準備する役人を、配備させた。それらは、お米、油、聖布、御燈明、御線香、沐浴《もくよく》用品、踊り子、歌手、道化師、それに毎日の礼拝用のお花入れである。

聖シカリーシュヴァラ寺院（プレア・ヴィヘア）のために、聖ディヴァーカラパンディッタ大僧正は、亡き王妃………黄金像で、舞踏姿の神像を、奉安なされた。……………チャムブグラーマやバヴァグラーマの村々へ、さまざまな御品々を、施こされた。

また、大僧正は、多くの村々に、池を掘り、礼拝堂を建立し、そこに男女使用人をおき、さまざまな御品々を捧《ささ》げ、次に必要な人や御品々の確保を、命ぜられた。それらは、お米、油、聖布、御燈明、御線香、沐浴《もくよく》用品、そして、踊り子、歌手、道化師、楽隊、それに毎日の礼拝用のお花入れである。

聖ディヴァーカラパンディッタ大僧正が、シカリーシュヴァラ寺院（プレア・ヴィヘア）に授《さず》けられた御品々は、装身具類で、次の通りである。』

第二面（B面）

『黄金製鞘《さや》、頭飾り、耳飾り、腕飾り、腕輪、首飾り、帯、腰飾り、足輪、サンダルで、すべて宝石で飾られてあった。以上のこれらの御品々は、実際には、スーリャヴァルマン二世王が、入門式に際して、大僧正に贈られた御品々であった。またその他、蓮華飾りで、宝石をちりばめた、黄金製祭壇も一つ含まれていた。

帝王は、聖室（中央祠堂）の床に、青銅板で敷きつめられた。また、帝王は、寺院へ、黄金製鉢、指輪、宝石、宝台、碗《わん》、水差し、痰壺《たんつぼ》、象、馬、軍旗、層状日傘、白色日傘、盥《たらい》、瓶《びん》、盆《ぼん》、ドップ・パナーン、多量の布類を、施こされた。さらに、すべての御堂内、宮廷、参道、毎年お米が日に干《ほ》される打穀の床でさえも、布類が敷《し》きつめられた。

帝王は、毎年、教師たちに、二週間ごとに祭式をなす僧たちに、法廷、地方の領主や村長に、さらに全階級の男女使用人にも、御布施をなされた。

次に、シヴァプラ・ダンデーム寺院（プノム・サンダーク）へ…………、帝王は、カランや、ヴァン・ジェーンや、ココムの村々を授《さず》け、池を掘り、礼拝堂を建て、そこに男女使用人をおき、あらゆる種類の御品々を、布施なされた。毎日に必要なのは、踊り子、歌手、道化師、楽隊、お米、聖油、聖布、御燈明、御線香、沐浴《もくよく》用品、四種油、礼拝用花入れである。

御施物には、黄金製鉢《はち》、指輪、宝石、宝台、瓶、水差し、痰壺《たんつぼ》、象、馬、白色日傘、層状日傘、盥《たらい》、盆、綴織《つづれおり》、多くの布類がある。帝王は、御堂や宮廷や参道にも、その布類を敷《し》きつめられた。帝王は、毎年、教師たち、二週間ごとに祭式をなす僧たち、地方の領主や村長、そしてあらゆる階級の男女使用人らにも、御布施をなされた。

次に、聖チャムペシャヴァラ寺院（プラサート・コーク・ポー）のため、聖ディヴァーカラパンディッタ大僧正は、ある土地を準備なされ、村をつくり、礼拝堂を建て、男女使用人をおき、この碑文に彫った目録のように、必需品を確保さす、役人を任命なされた。

次に、パラマヴィーラローカ王（ジャヤーヴァルマン五世王）の御世の王師、ヴラ・グル（ヤジュナーヴァラーハ）の建立による、イーシュヴァラプラ寺院（バンテアイ・スレイ）のため、スーリヤヴァルマン二世王は、再び聖ディヴァーカラパンディッタ大僧正に託《たく》して、土地と使用人とを、授《さず》けられた。

ある篤志家《とくしか》が、その寺院を他人に譲《ゆず》ったので、聖ディヴァーカラパンディッタ大僧正は、その寺院を購入し、寺院を復興させ、かつての国師ヴラ・グル（ヤジュナーヴァラーハ）の頃のように、シヴァ神信仰を、再興させた。

次に、罪を犯《おか》したパラマグル領主の村々と、その一家の財産について、例えば、ヴライ・スラー村や、…………デーヴァ領主の一家の財産、またカンティン村やグル・カンティン領主の一家の財産に関して、領主たちは、それを神へ献上した。そこで、聖ディヴァーカラパンディッタ大僧正は、宮廷からの御容赦《ようしゃ》を賜《たまわ》れますよう、願いでられた。その後、帝王は、有罪のものでさえも、すべてを許されて、救ったのである。

シャカ暦一〇四一年、スーリヤヴァルマン二世王は、第一、第二、第三、第四部門の王宮職人らと、サデヤー地方の住民らに、ヴヌール・ダナン村（大僧正の故郷）と、そこの寺院を、設立するよう命じられた。その全員は、大僧正につかえる従者である。塔堂一基を建て、池を掘り、村の囲壁を築いた。そして、外に張り出す大天幕でもって、小室、舞踏場、…………を含む…………をすべて包囲した。』

第三面（C面）

『………この基礎を永久に保護する者は、天界への再生と、救済とがあるだろう。また、この石碑を壊《こわ》す者は、太陽と月とが長続きする限り、三十二地獄に落ちいるだろう。』

第四面（D面）

『シャカ暦………、プスヤの弓張月、ナクサトラ………のアントヴァン・ディク、三ヴィナーディカの時、スーリャヴァルマン二世王は………聖ディヴァーカラパンディッタ大僧正に、御供物として、さまざまな御品を、………命じられた。

シャカ暦一〇四三年、モーガ弓張月の九月、水曜日に、聖ディヴァーカラパンディッタ大僧正は、………カロール・シャと称する地方の、ある土地を授《さず》かった。その土地の囲りに、境界石を立て、この土地にルドラーラヤの名前をつけ、そしてそこに、ヴヌール・ダナン（大僧正の故郷）のリンガを、授《さず》けられた。

また、別の地に、テーム・トゥクーの土地を得て、その囲りに境界石を立て、その地にパンチャーヤジュナの名前をつけ、そこにもヴヌール・ダナンのリンガを、授《さず》けられた。』

（三）　K三八一碑文

この碑文は、第三楼門の東側付属聖殿物の南側廻廊にある、西玄関の入口下の南面石柱に、刻まれてあった。一面（A面）だけに銘刻され、全二十一行からなる。そのうちの九行がクメール語で、十二行が梵語による偈《げ》（詩）となっている。十一世紀前半のスーリャヴァルマン一世王の治世の国師、タパスヴィーンドラパンディッタ導師への賛嘆碑である。

第一面（A面）

『………シャカ暦九四六年、タパスヴィーンドラパンディッタ導師………、この基礎を壊《こ》わす者は、地獄に落ち、これを大切にする者は、天界に昇る。タパスヴィーンドラパンディッタ導師のことを、回顧《かいこ》し給《たま》え。すなわち、導師は、全使用人に対し、業務上、公正をもってなされた。人々は、導師が長くこの地に留まるよう、また正しき法規を、維持されるように願った。その法規は、帝王がタパスヴィーンドラパンディッタ導師の願いにそって、遂行されたことを、命ぜられた。それは、タパスヴィーンドラパンディッタの御誓文の中に、述べられてある。

シャカ暦九四八年、タパスヴィーンドラパンディッタ導師は、新年の御供物として、聖シカリシュヴァラ寺院（プレア・ヴィヘア）に、次の御品を、捧げられた。九個のゴービクサ、重さ二ジャンのワット、十個のリン、四個の腕輪、盆、盥《たらい》、雌《め》牛、水牛、象、村、土地、タパスヴィーンドラシュラマ修行道場の使用人らである。

帝王（スーリャヴァルマン一世王）が、今日、この地に植えらる天界樹のように、帝王の栄光は、アグニ神（火神）の祭壇聖板上に、そえられん。この聖樹は、七界の境に繁《しげ》り、種々様々で高名な果物でもって、天界の多くの天人たちを、喜ばせる

帝王は、不断な布施、その流出によりて、清水を注《そそ》ぎ、その高貴なる人徳から生じた投影《とうえい》によりて、四方を照す。聖スーリャヴァルマン一世王は、シャカ暦九二四年、最高の王位を授《さず》かった。

アガスティヤ神（聖仙）の布施の有様を、ご覧になられた帝王。水差しの中に生まれ、海水を飲み、そして吐《は》き出すアガスティヤ神。神は口の中に、信じられないほどの、多くの知恵の海水を含む。実に、帝王は、その御名前の始めが、デーヴァ、終わりがパンディッタ、

その中間名がタパスヴィーンドラという、賢者中の最賢者、デーヴァタパスヴィーンドラパンディッタに、蛇付き黄金製駕籠《かご》と、十分な必需品のある吉祥庵、ヴィーラースラマを、授《さず》けられた。

熱烈な忠誠心をもって、聖タパスヴィーンドラパンディッタ導師は、三界の崇高なる主人、聖スーリヤヴァルマン一世王に、導師が口・意・身で修得した、全英知を、授《さず》けられた。そこで、山の主たる、聖タパスヴィーンドラパンディッタ導師は、この吉祥庵に、山の誉《ほま》れ、アーシュラマで終わり、タパスヴィーンドラで始まる、素晴らしい御名前をつけられた。』

六、おわりに

プレア・ヴィヘア寺院の建立年代は、現存の全遺構が、特定の一時期に限って、造営されていない。長期の時代的な幅の中で、増築や改築、あるいは再建がなされた。したがって、そこには、さまざまな年代に建立された聖殿物が、共存し、今日に残存している。その造営活動の時代的な推移を、編年として、ジョン・ブラック氏は、次のように整理されている。

すなわち、ヤショーヴァルマン一世王（八八九〜九〇〇年）の治世に、まず木造で建てられ、ラージェンドラヴァルマン二世王（九四四〜九六八年）の頃、ラテライトと赤色レンガでもって、第四楼門とその東西に連結する廻廊が、造営された。次に、ジャヤーヴァルマン五世王（九六八〜一〇〇一年）の時代に、砂岩の石造建築で、中央祠堂の廻廊が再建され、さらにおそらく、中央祠堂の廻廊の北側に接続した前室（挿図32－Ⓗ）と、先の廻廊の東西の外側にある、二基の聖殿物（沐浴室と踊り子控え室、挿図32－Ⓓ・Ⓕ）と、二基の経蔵（挿図32－Ⓕ・Ⓖ）が建てられた。

そして、その後のスーリャヴァルマン一世王（一〇〇五～一〇五〇年）の治世には、第一楼門と第二楼門とが建てられ、やや後に、第三楼門が再建された。さらに、階段と、蛇ナーガの欄干《らんかん》や石柱のついた参道は、この頃の造りである。

その後のハルシャヴァルマン三世王（一〇五〇～一〇八〇年）になって、中央祠堂（挿図32－Ⓐ・Ⓑ）が、バープオン様式（十一世紀後半）で再建された。最後のスーリャヴァルマン二世王（一一一三～一一五〇年）に至って、全階段が整備され、第四楼門とそれに連結する東西の廻廊が、改築された。と以上のようにみておられる。


現在の段階でいえる点は、以下の三点のみである。すなわち、第一には、碑文K三八二に、八九三年の年代が見られ、それは、ヤショーヴァルマン一世王の治世にあたるが、実際、当時建てられたその王の時代の遺構、例えば、アンコール遺跡群の中のプノン・バカエン（九〇〇年頃）の美術と比較しても、このプレア・ヴィヘア寺院の美術には、そのように古い様式をそなえた彫刻を、見ない。

したがって、おそらく当時、そこには寺院、聖殿物が建っていたとしても、それは、木造で建てられた。それが後に朽《く》ちて消失し、それより後世の聖殿物が、今日、残存しているのだろう、と推察される。

第二には、碑文K三八〇、K三八一、K三八三は、すべて十一世紀の年代を示し、以上の三つの碑文は、すべて中央祠堂を中心に、第三楼門より以南の遺構群に認められた。これらは、明らかに、スーリャヴァルマン一世王の治世の年代で、その第三楼門より以南の遺構群の装飾意匠に見る美術様式も、その十一世紀の時代の作りが、観察できる。この点から、先の遺構群は、その王の治世になって、石造で創建されたのであろう。

第三には、碑文K三八三に、西暦一一一三年、一一一九年、一一二一年の年代を含んでいたように、これらの年代は、明らかに、アンコール・ワットを建立した、スーリャヴァルマン二世王の時代である。ここプリア・ヴィヘア寺院にも、そのアンコール・ワットの建立頃の装飾浮彫の作りも、同じく第四楼門の以南の遺構群の中に、散見できるという。

結んで、プレア・ヴィヘア寺院は、十一世紀ないし十二世紀の間に、建築工事があった。また、その間に栄えた、信仰の霊場とみるのが、最も妥当な見方と結論する。

最後に、このプレア・ヴィヘアの大聖殿は、十一・十二世紀の当時、「スリー・シカリシュヴァラ」寺院と、呼ばれた。その本尊は、中央祠堂の聖室、「ガルバ・グリハ」に、ヒンドゥー教のシヴァ神、その性標であるリンガが、安置された。この石造のリンガへの崇拝は、碑文の中に、幾度か現われていた。

王は、そのリンガこと、シヴァ神へ御供物を捧げ、また、精神的な導師、「グル」を尊重し、多大な布施をなされた。また、碑文K三八二に記されてあったように、王は、「四つのヴェーダ」聖典に、通じていたことを、知る。ヴェーダとは、神の直接の啓示、インド古代のバラモン教、後のヒンドゥー教の根本聖典である。

図版80　第二楼門、南側の入口、破風の浮彫は、乳海攪拌を表す第一の見所、11世紀前半建造

図版 81　第一楼門の南面、11 世紀前半建造

図版 82　第一楼門の東南面、11 世紀前半建造

図版 83　第一楼門の東面：寺院平面図の㋑の位置、11 世紀前半建造

図版 84　第一楼門の東面の破風浮彫装飾、鬼面ラーフと
左右に蛇ナーガを配す、11 世紀前半建造

図版 85　全長 275m 参道の東側にある池：寺院平面図の L の位置、沐浴場の聖池

図版 86　全長 275m 参道の全景、第二楼門より第一楼門へ向けて望む、11 世紀前半建造

図版 87　第二楼門の南側入口の破風浮彫、乳海攪拌図の傑作、
寺院平面図の㋺の位置、11 世紀前半作

図版 88　第二楼門の南側入口を中心に、その全景、
寺院平面図の㋺の位置、11 世紀前半建造

図版 89　全長 148 m 参道の全景、第三楼門から北方の第二楼門に向けて撮る、11 世紀前半建造

図版 90　第二楼門の東翼室内部の東面破風下の楣浮彫：寺院平面図の㊁の位置、クリシュナ神が毒蛇カーリヤを引き裂き、退治する場面、11 世紀前半作

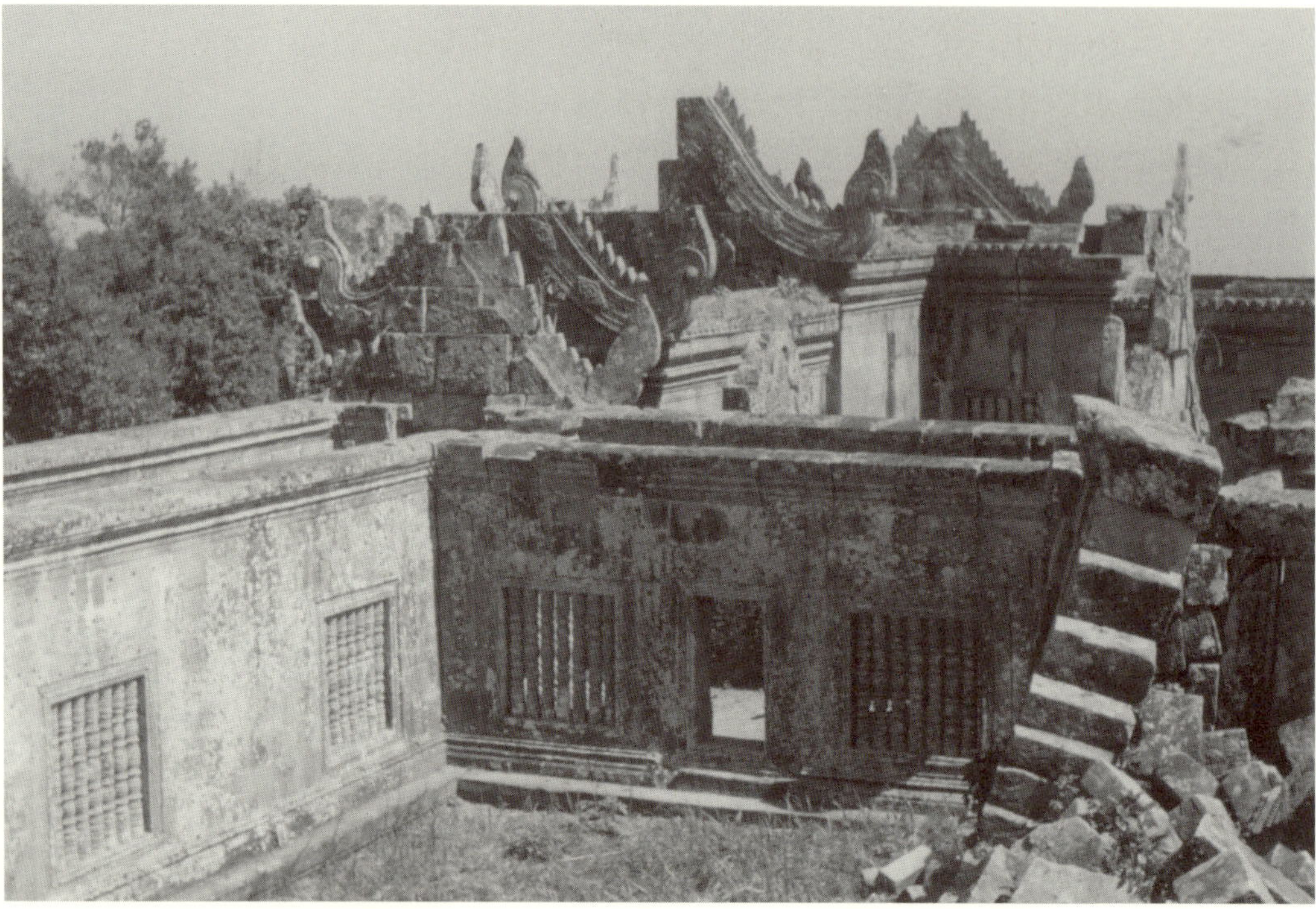

図版 91　第三楼門の全景、その南西より望む、11 世紀前半再建

図版 92　第三楼門の南側入口、11 世紀前半再建

図版 93　第三楼門の南面中央入口の破風と楣浮彫：寺院平面図の㋭の位置、11 世紀前半作

図版 95　第三楼門の南面向かって左側（西）の入口：寺院平面図の㋬の位置、破風には鬼面ラーフの頭上にインドラ神が乗る、11 世紀前半作

図版 94　第三楼門の南面向かって右側（東）の入口：寺院平面図の㋣の位置、破風には鬼面ラーフの頭上にインドラ神が乗る、11 世紀前半作

図版 96　第三楼門の東翼室内部の東面破風と楣：寺院平面図の㋠の位置、破風には、雄牛ナンディの上に乗るシヴァ神と妻ウマが表された、寺院の傑作の一つ、11 世紀前半作

図版 97　第三楼門の東側の付属建造物、その南側を撮る

図版98　第三楼門の西側の付属建造物、その南側を撮る

図版 99　第四楼門の北側の入口、ここをぬけて、いよいよ寺院の中心部、中央祠堂へと向かう、10 世紀中頃建造、後の 12 世紀前半改築

図版 100　中央祠堂の「祠堂」の西面：寺院平面図のⒷの位置、おそらく当時、この祠堂の中には、シヴァ神の乗物で、雄牛ナンディ像が安置されてあったものか、11 世紀後期再建

図版 101　中央祠堂の「祠堂」の西面入口：寺院平面図のⒷの位置、楣には
鬼面ラーフの頭上にインドラ神が乗る、11 世紀後期建造

図版 102　シヴァ神を表す破風の浮彫、中央祠堂の近くに置かれてあった、1972 年 2 月撮影

図版 103　中央祠堂を囲む廻廊、内側、窓の連子格子は、すでに消失していた、10 世紀後半再建

図版 104　プレア・ヴィヘア寺院の山頂、寺院境内にあたる、海抜 657m、
背後の平原、カンボジア領を望む、1972 年 2 月撮影

図版 105　中央祠堂を囲む廻廊外側の、東にある聖殿跡の南面、寺院平面図のⒺの位置、
この建物は、当時、踊り子たちの控室であった、とみなされる。この南側は、
断崖絶壁となる。10 世紀後半建造

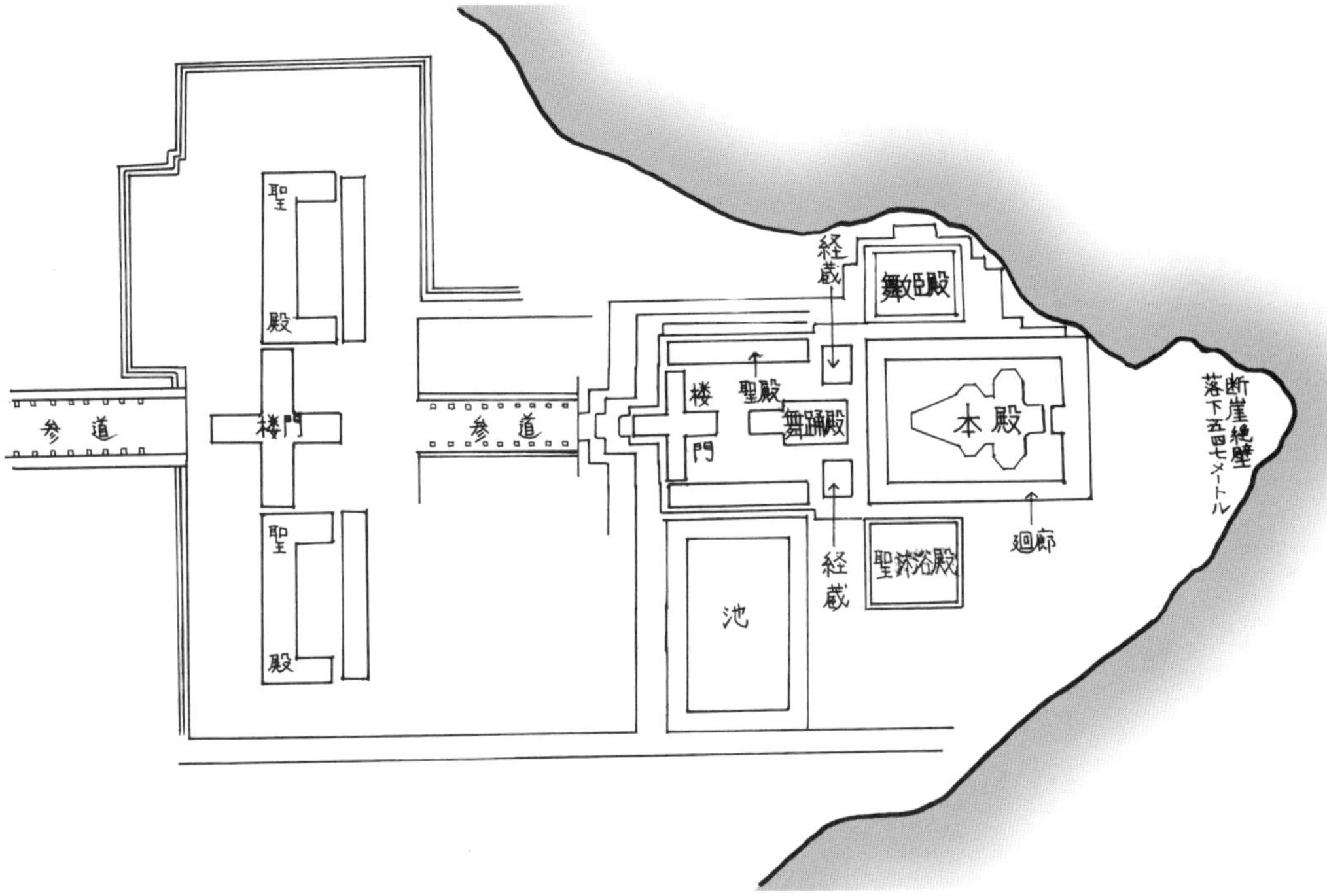

プレア・ヴィヘア大寺院の中心主要部の境内図

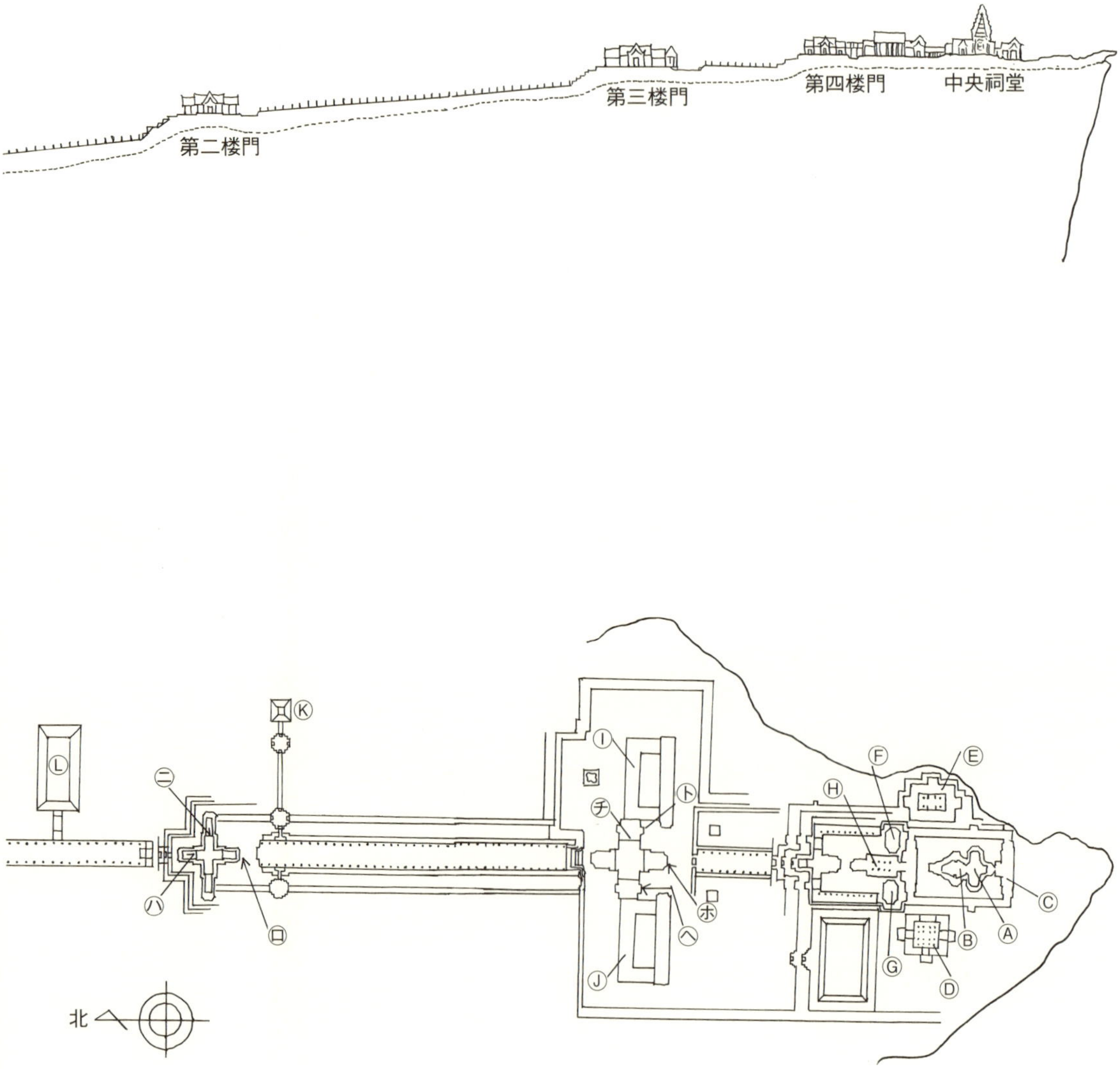

挿図 32　プレア・ヴィヘア寺院
上：側面図　下：平面図

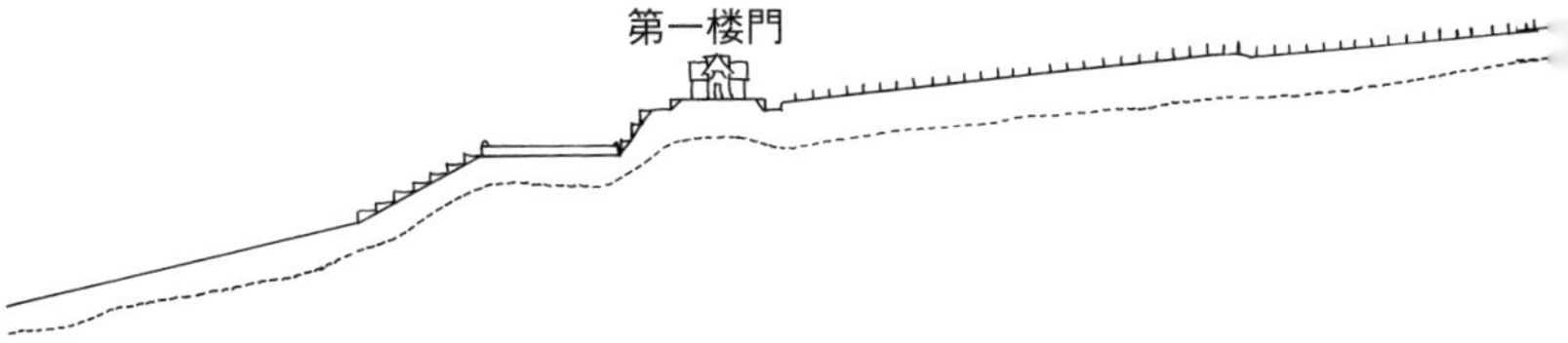
第一楼門

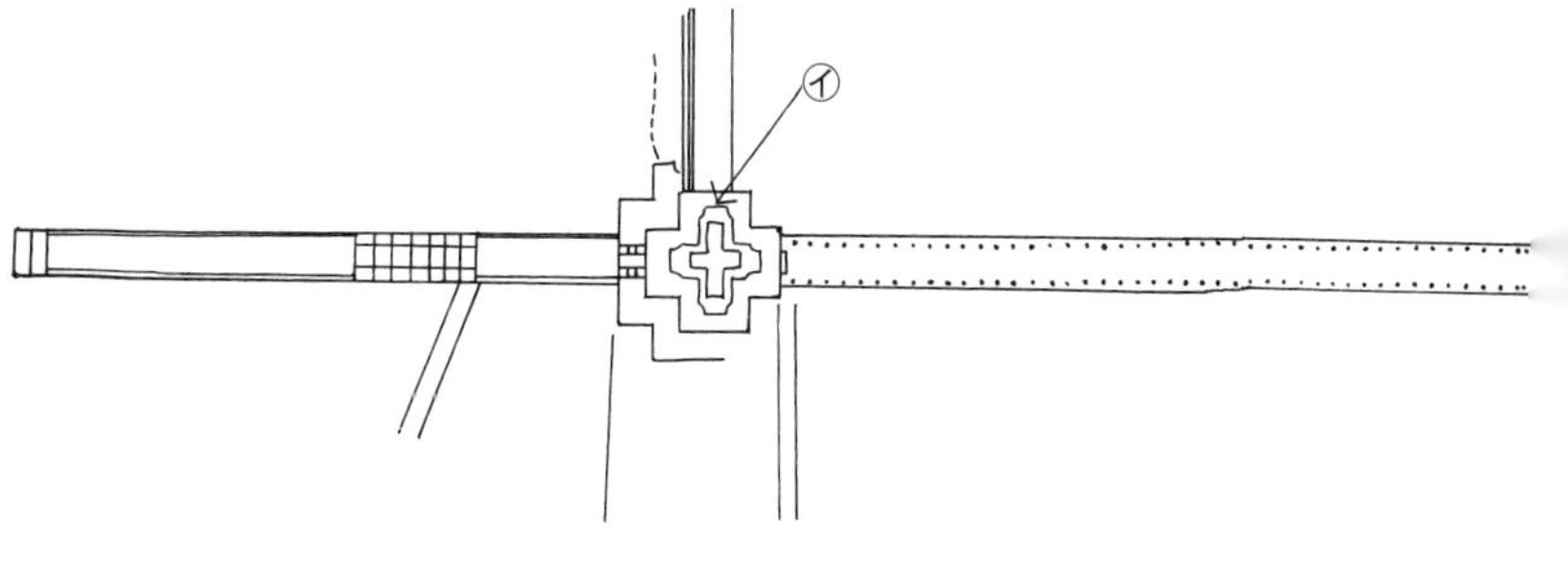
㋑

第五章

バイヨンの尊顔《かお》

一、はじめに

東南アジアの遺跡のうち、最大の魅力と神秘とをしめる、バイヨンは、カンボジアのシエムリアップ町の北、約九キロの地点にある。アンコール・トムと称する城壁の、そのちょうど真中に、そびえ建っている。

その遺跡の魅力は、建ち並ぶ多くの塔堂の側面に、高さ約三メートルもある、大きな人の顔が、その四方に向いて、彫り出されていた。この顔は、一体、何の神仏なのか、これが依然と大きな謎となっている。

日本でも、この顔が何であるかについて、紹介がなされてきた。それはフランスの学者が考えた、学説から導き出され、その説をそのままに、日本にもちいられていた。すなわち、この人面は、「観音」であろう、という。

この観音説は、もともとフランス人の故セデス教授によって、打ちだされた。教授によると、人面は、ローケーシュヴァラであろう、とみなした。そこで日本では、このローケーシュヴァラが、漢訳でいう「世自在」に当たるので、これを観音こと、観世音菩薩と同じ、としてあつかわれた。

一つの想定が、日本に伝えられると、その想像上の仮説が、すべてに、あたかも定説のようになって、定着してしまった。仮にあの人面が、観音であるなら、あの巨大で神秘的な笑いをただよわす、バイヨンの顔は、観音信仰に縁の深い日本人にとって、より親しみやすい。それはまことに、カンボジアのクメール美術に親しみをよせる上で、よいことである。が、はたして、真実は、ゆがんでいなかったであろうか。

しかし、一九七三年、フランス側、フランス極東学院は、このバイヨン研究についての、総合的な成果をまとめ、その大冊を世にあらわした。この本に刺激されて、いよいよあのバイヨン、大寺院跡の顔は、一体、何の神仏なのか、が問題された。というのは、結論を先にのべるが、バイヨンの顔は、これまでに日本で書かれてきたように、観音ではないように思われる。

そこで、今日まであった諸説を整理して、先の大冊の紹介も含めて、もう一度、バイヨンの顔について、考えなおしてみることにした。そして、最後に、個人的な考えを、提起し、結論といたしたい。

二、顔の特徴

まず最初に、バイヨンの顔を、よく観察することから始める。顔は、頭上に、宝冠をのせることを、第一の特徴とする。その宝冠は、一種類だけで、何枚もの葉状のものが、上へと突き出ている。顔は、全体に四角ばっていて、その左右に大きな耳がついている。この耳についても注視される。耳の下に当たる所には、蓮華の莟《つぼみ》状の耳璫《じとう》が、ぶらさがっている。

第二に、顔の面での注目は、額《ひたい》の中央に、もしくは仏の白毫《びゃくごう》のある位置に、もう一つ別の眼がつく。眼といっても、左右の眼よりもやや小さいのに、注意する。さらに、この額の眼は、やや菱形状であることにも、気がつこう。これを眼とするか、あるいは仏像に見る白眉と見るかが、問題となる。そこで、それはむしろ、眼と見る方が、自然のように思われる。

ただし、ここで気をつける点は、すべての人面には、この額の眼が、ついているのではない。

その眼がある顔もあれば、ない面もある。この二種類は、バイヨンに共存する点も、特記しなくてはならない。

さらに、左右の両眼について、ほとんどの顔の両眼は、ほぼ杏仁《きょうにん》形に近い形をしている。しかし、ある面では、その両眼がやや、上目蓋《まぶた》の落ちた、伏《ふ》し目の作りもある。この点にも、注意を払《はら》う必要がある。次に、鼻について、それは左右に大きくひろがった、獅子《しし》鼻であり、口は唇《くちびる》が厚い。そして、きわめて印象深い表情は、すべての顔に反映している、あの異様な微笑《ほほえ》みである（図版106・107）。

以上の観察の記録から、はっきりと言える特徴は、それらのどの顔を見ても、そこには一つとして、頭上に、「化仏《けぶつ》」の姿がなく、認められない。これらの人面が、観音の顔であるなら、なぜ観音の図像には、必ず伴《ともな》っている、頭上に化仏がないのであったのか。まず、この点からして、バイヨンの顔は、真に観音なのか、という疑問をもたざるをえないのである。

また、もし観音であったとすると、バイヨンには、この種類の人面が、全部で一八一面、残存では一七三面も、あったと記録された。王国をあげての中心的寺院に、観音ばかりの顔が、約二百面近く、かつて表されていた、ということになる。

さらに、大きな疑問を残している点は、この種類の人面が、このバイヨンのみならず、同じアンコール地域の他の遺跡にもある。それらは、アンコール・トム（図版113）、タ・プロム、プレア・カン、バンテアイ・クデイ、タ・サオム（図版110）にも見られる。そして、地方の寺院跡では、ボンティアイ・チュマーにもあり、認められる。以上の顔は、すべて大きさ、形といい、バイヨンの顔と同じなのである。

すなわち、これらの遺跡に見る、同種の人面も、やはり従来どおり、観音の顔として、見てもよいのであろうか。他の遺跡に見る人面も、念頭に入れて、考えてみる必要がある。なお、以上のバイヨンを含めた、全七ヶ所の遺跡は、アンコール帝国のジャヤーヴァルマン七世王（在位：一一八一～一二一九年頃）の建立、と考えられている。

三、さまざまな考え方

さて、本論に入る前に、バイヨンの顔についての従来の諸説は、どのような考えがあったのか。もう一度、それらの説について、振り返ってみる。まず、この人面は、基本的に、四面であったことから、ヒンドゥー教のブラフマー神、梵天《ぼんてん》であろう、と考えられた。フランス人による初期の説である。

それは、このバイヨンの顔が、同じアンコール遺跡のタ・プロムにも、あることをとりあげた。その理由は、「タ・プロム」という名前が、「古き梵天」という意味で、古くからの名前で呼び伝えられてきたことから、人面は、梵天こと、ブラフマー神の顔、と考えられたわけである。

その後、一九一三年に、フランス人のデュフール博士は、バイヨンの顔が、ヒンドゥー教のシヴァ神である、と唱えられた。博士は、人面塔が「ムカ・リンガ」を、象徴化させた形の建築なのだ、と考えられた。このムカ・リンガとは、リンガがシヴァ神自身を象徴化した石柱で、その形は男根を表す。それにムカがついて、円筒形の男根の四方に、シヴァ神の頭部、つまり顔をすえつけた、聖なる石柱なのだ、といわれた。

この形の遺構が、隣のベトナムにある、チャンパー王国（二～十七世紀）のチャム遺跡にある、と指摘した。チャム建築の塔堂には、しばしば、四面、五面、時に六面のシヴァ神の顔を配する。この事実、類似性から、バイヨンの人面塔は、疑いなく、シヴァ神の性格を多分にもつ。確かに、これまでに不明であった、顔の額《ひたい》にある眼は、シヴァ神の第三の眼なのである、と主張された。

このリンガ説は、バイヨンがヒンドゥー教のシヴァ神に献じられた建物、という説に基づいていた。しかし、後に、バイヨンの中心主要部から、ローケーシュヴァラこと、観音を表した破風彫刻が見出された（図版109）。そこで建物は本来、仏教建築で、その顔も仏教上の、おそらく観音菩薩を表すのだろう、とみなされた。これがすでにのべた、セデス教授による、観世音菩薩こと、観音説である。

その後の一九三三年、バイヨンの中央基底部より、巨大な仏像が発見された。これは、頭上に宝冠をのせず、禅定印をくんで、蛇の上に座っていた。この事実によって、このバイヨンの遺跡は、決定的に、本尊を仏陀に献じた、仏教寺院建築であったことが、証明された（図版108）。

しかし、その後の一九六〇年代に至っても、インド人のゴッシュ教授は、バイヨンが依然と、ヒンドゥー教のシヴァ神に献じられた、と考える説もあった。ゴッシュ教授によれば、その四面の顔は、シヴァ神である、と積極的に考えていた。

四、宝冠仏か

さて、再び人面に焦点をもどすと、塔堂に表された顔は、どのような具合に、彫り出されたのか。塔堂は、「クメール・プラサート」と称して、クメール塔堂の基本的な形に基づき、建てられている（挿図33）。それは、五層建築である。その積み上げられた箱型の、下から第二層目の側壁に、人面が大きく配された。

この第二層の箱型部について、注意すべき点は、その各面、つまり東西南北の方向に向く人面が、それぞれに独立して表された、という感じをもたさせる。いいかえると、当時の建築師もしくは彫刻師は、四面を連結させて、表し出したのではない。人面と人面との間には、かなりの余白、隔《へだ》たりがある。各面の顔は、他の面と、つながっているのではなく、一面一面をもって、独立している。

したがって、ブラフマー神こと、梵天の頭部のように、四面がたがいによりあって、一体の神像を造り出そう、としたのではない。この点は、クメール彫刻に見る、ブラフマー神の丸彫の石像（図版62）と、このバイヨンの人面塔とを、比較すれば、よくわかる。それによって、人面塔の顔は、明らかにブラフマー神、梵天の顔ではないことが、納得できる。

それでは、この顔は一体、何者を表しているのか。ヒンドゥー教の神の顔なのか。それとも、仏教のある仏陀の顔を、示した彫刻なのか。

さらに、従来考えられてきたように、この顔は、バイヨンを建立した、ジャヤーヴァルマン七世王の肖像なのか。この肖像説は、当時の神王、デーヴァラージャ信仰から導き出された考え方である。神と王とを一体化させた信仰に基づき、生み出された、それがバイヨンの顔であろうという。

いずれにせよ、この顔は、どう見ても明らかに、この面相をもって、人々に何かを、うったえかけよう、としている。また一見して、顔は、強制的に、当時の民衆に、見せつけているように、感じられてならない。

まず、これらの人面を、仏教のある尊像の顔であろう、と考えてみる。そこで、第一に思いつ

バイヨン寺院の尊顔図
1924年、大正13年、
フランス人、故ルイ・ドラポルト氏（1842-1925年）の原画から模写絵、著者筆

くのは、頭上に、宝冠をいただく特徴から、これらの顔は、明らかに「宝冠仏」ではなかろうか。宝冠仏とは、如来形の仏陀の頭上に、宝冠をのせた像をいう。始めに、インドでは、それらがパーラ王朝（九〜十二世紀）の仏教美術に現われる。特に、十世紀以降、その王朝の版図から、多くの宝冠仏が生み出された。その当時の仏教は、密教で、その宝冠仏は、本初仏アーディ・ブッダであろう、とみなされた。

さらにまた、日本における如来形で、宝冠をいただく仏陀といえば、大日如来と宝冠阿弥陀仏がある。しかし、先の本初仏と同じく、日本の大日如来や阿弥陀如来にも、バイヨンの顔に見た、第三の眼とうべき、額《ひたい》の眼がない。では三つの眼をもった宝冠仏、という像が、存在するのか。

そこで思い出される像は、クメール美術が西方へ、その勢力をのばし、タイ国中部のロッブリーを中心に栄えた、「ロッブリー期」（十一〜十三世紀）の青銅仏の中心に、その第三の眼をもつ宝冠仏を、認めることができる。

タイ国のバンコクにある、ジェームス・トンプソン美術館の中に、きわめて興味深い青銅仏（図版114）がある。これは、先のロッブリー期美術の作品で、右手で降魔印をなし、半跏趺坐《はんかふざ》に座した仏陀像である。この像の頭部は、その宝冠の作りや、左右にたれた耳璫《じとう》にも、きわめてバイヨンの顔に似て、それを思わせざるをえない。

そこで、今、この像で注目する個所は、額の中央に、左右の眼よりもやや小さい、もう一つの眼のような物がついている。これが白眉《びゃくごう》としての飾りなのか、それとも確かに眼なのかは、はっきりと判断しえない。この像は、降魔印の印相から、東方世界の教主、阿閦仏《あしゅくぶつ》なのであろうか。

確かに、阿閦仏《あしゅくぶつ》の額には、白眉《びゃくごう》に似たある突起がつく、といわれる。

五、碑文から

次に、形の上では、顔が何の仏陀であるのか、わからない限り、考えを改めて、バイヨンより発見された、碑文類を通じて、考えることも必要である。バイヨンは残存した碑文については、すでにセデス教授によって、その解説とともに、その碑文集成が発表させた。さらに、それらの碑文類は、先にのべた一九七三年出版の大冊の中でも、集録されている。この本の中で、碑文を論じたグロリエ教授の報告によると、バイヨンに残った碑文の発見個所は、大きく三つに分けている。

第一は、第一廻廊の碑文で、全部で七個所に、第二は、第二廻廊の碑文で、全十六個所にあった。さらに第三には、中央祠堂を中心に、幾つかの塔堂をのせた中央主要部で、全二十一個が発見された。これらの碑文は、いわば短い文で、また部分的に磨損していたため、その内容は、断片的である。

その中には、さまざまな神の名前があり、その大半は、「カムラテン・ジャガット」等の敬称で始まる。これらは、グロリエ教授によると、各地方を代表する神々の名前で、このように各地方の神々を、王都の中心寺院に祠る習慣が、当時あったという。つまり、この種の同じ習慣が、インドネシアのジャワに栄えた、マジャパヒト王朝（十三世紀末から十六世紀初め）にもあったとして、参考としている。

さて、以上の碑文の内容には、バイヨンの顔について、直接に語った文が、何もない。そこで、顔を考える上での手掛かりとして、それらの碑文の中に、何か仏陀の名称が、少しでも含まれていないだろうか。それを探る必要がある。そこで、碑文類には、案の定、二種類の仏陀の名前が、見出された。

まず、第一廻廊から発見された、四つの碑文の中に、薬師仏の名前が認められる。(Prof. B. P. Groslier : K293-3, K293-5, K293-6, K293-7)。また、中央祠堂を含む中央主要部の一ヶ所から、薬師仏の名前が (Prof. B. P. Groslier : K293-24A) 一度、それにこの同じ碑文中に、毘盧遮那仏《びるしゃなぶつ》の名前が二度あった。

バイヨンの碑文の中に、先の仏陀の名前が見出されることは、当時、薬師仏と、毘盧遮那仏との仏像が、存在することを意味するのであろう。もし存在していたとすると、その二つの仏陀は、バイヨンの顔を考える上で、一つの参考となる。しかし、仏教図像の上からいって、薬師仏も毘盧遮那仏も、額にもう一つの眼を有するとは、知られていない。

六、増築の過程

次に、バイヨンの顔は、全五十二基の塔堂に、彫り出されていた。また、その顔の全総数は、本来、一九四面あった、とかつて言われた。この数は、およそ二百面に及ぶが、このように、密林の中の空間に、顔ばかりを配していることを思うと、それらの多くの顔は、全体である何かの光景を、再現しているかのように、感じられる。

第一に、想像される光景は、それらの顔が、釈尊の生涯における一つの事件、舎衛国《しゃえこく》シュラーヴァスティーでの偉大な奇跡、舎衛城《しゃえじょう》外の大神変を、バイヨンの建築に、具現しているのではないか、という説である。

この説によれば、奇跡によって生じた、仏陀の顔が、多く空に映しだされた、という光景を、建築に再現した、という考えである。しかし、基本的に、顔に三眼のある釈尊と見ることは、不可能であり、この考え方は、成りたたない。

また、仮にバイヨンの顔が、仏陀であるとし、これも造仏供養のために、同一の大きさの仏陀の姿を配した、「千本仏」の有様を、建築に再現した、とも想像されよう。そこで、千本仏といえば、千本阿弥陀や千本薬師の名称があげられる。特に、バイヨンの顔は、宝冠仏であると見るなら、先の二種類のうち、阿弥陀仏が宝冠をいただく場合がある。それはいわゆる「宝冠阿弥陀」である。しかし、これは日本の仏教美術の場合であり、また、阿弥陀仏が額に、もう一つの眼をもつ、という図像を知らない。

以上、考察を重ねてきても、なかなか解決の目途がつかない。そこで、先の大冊の中で、グロリエ教授は、バイヨンの各祠堂に祀られてあっただろう尊像を、碑文を通じて推察し、略図にして示しておられた（挿図34－Ⅱ）。この図は、バイヨンの中心主要部に、祀られたであろう尊像を記していた。バイヨンの中心主要部の信仰的内容が、うかがい知られる。

中心には、仏陀像（挿図34－Ⅰ）、北には、シヴァ神（同図8）、南には、インドラ神像（同図4）、西には、ヴィシュヌ神像（同図6）、東には、ジャヤーヴァルマン七世王の肖像（同図2）と、ブラフマー神像（同図12）が、安置されていただろうことを、伝えていた。

そこで、中心となる祠堂（挿図34－Ⅰ）内の基底部からは、すでにのべた、蛇ナーガの上に座る仏陀像が、発見された。これがバイヨン寺院の本尊仏である。しかし、それにもかかわらず、その周囲の祠堂には、ヒンドゥー教の神々像が、安置されていたことを知る。このことから、バイヨンの中心主要部には、明らかに、仏教とヒンドゥー教との信仰が、共存していたのである。

さて次に、バイヨン建築の最近の研究成果として、フランスのデュマルセ博士は、バイヨンがどのような順序で、建てられていったか、を推察しておられる。これはきわめて感謝いたしたい調査成果で、博士は、バイヨンの建築過程を、大きく四段階に分けて、考えている。

その過程は、挿図34のⅠからⅣまでに示しておいた。まず、第一段階に、中心主要部に、十字形の本堂が建ち、その囲りを、同じく全体に十字形の廻廊が巡らされた。そして、第二段階に入ると、先の十字形本堂が増築され、全体に円形のプランに変えられる。

したがって、十字形本堂の姿は、うもれて消えると同時に、十二の祠堂、もしくは十二の部屋が、中心の祠堂をおおうようになる。さらに、先の十字形廻廊の内庭には、五基を主にした祠堂類が、新たに建て加えられた。

第三段階に至ると、先の十字形廻廊が、全体に方形の廻廊に形を変え、いわゆる「第二廻廊」が完成する。そして、その外側には、より大きな「第一廻廊」が、誕生することになる。さらに、最後の第四段階に至ると、先の第二廻廊と第一廻廊との内庭には、二基の経蔵と十六基の祠堂類が、加えられるようになる。このようにして、現在見るバイヨンの姿が完成し、今日に残ったのである。

また、デュマルセ博士は、これらの四段階の建築年代を推定し、第一段階は、ジャヤーヴァルマン七世王が、アンコール地方を支配するようになった、最初に時期、一一八一年頃に、工事が始められたとみる。そして、同じくアンコールのプレア・カンとタ・プロムの各寺院の中心主要部が完成した後に、第二段階、第三段階の工事がなされた。第四段階は、王の治世の終わり頃、つまり十三世紀になされた、とみなしている。

七、シヴァ・ブッダ

次に、この章では、バイヨンが建てられた、十二世紀と十三世紀との、カンボジアでの宗教的な背景について、のべておく必要がある。ます始めに、当時の西方、インドでは、密教の末期にあたり、時論教が流布していた。これは、過去・現在・未来に限局された迷いの現実生存を、時間の車輪にたとえた。その上で、すでにのべた例の本初仏の信仰によって、この迷いの世界から脱却しうる、と教えたという。

また、当時の南方、インドネシアでは、シヴァ・ブッダの信仰が流布していた。これは、ジャワ東部において、十三世紀以降、明白に認められた信仰で、ヒンドゥー教のシヴァ神崇拝と、仏教のブッダ、如来への帰依とが、一体化した教理である。

その信仰は、シンガサーリ王朝（十三世紀）や、マジャパイト王朝（十三世紀末〜十六世紀初め）の両時代に行われた。例えば、前の王朝の最後の王、クルタナガラ王は、遺跡チャンディ・シンガサーリに、シヴァ・ブッダとして祀られた。また、同じ王を、シヴァ・ブッダとして祀った、遺跡チャンディ・ジャウィでは、シヴァ神と、宝冠阿閦仏の像とが、奉安された。

このように、インドネシアでは、ヒンドゥー教神像と仏陀像とが、共存して安置されていた事実を、想い出すなら、カンボジアのバイヨン寺院でも、その種の混合宗教が、崇められていたと見ても、何の不思議はないのである。

さて次に、バイヨンの顔には、一面に見る眼の数と、その眼の形についてである。そこには、明らかに二種類がある。二眼と三眼とである。また、杏仁形《きょうにんけい》の眼と、伏し日型の眼とである。この共存した事実を、どう解釈したらよいのか。最初は、仏陀の眼として、伏し眼で表された顔を、後世に、信仰上の変化によって、それをヒンドゥー教のシヴァ神の顔に、彫り変えた。そのために、バイヨンには、二種類の数の眼と、二種類の形をした眼の顔がある、と考えられた（図版111・112）。

その信仰上の変化は、ジャヤーヴァルマン七世王の死後、ジャヤーヴァルマン八世王（一二四三〜一二九五年）にあったとする。八世王が、七世王の仏教信仰から、ヒンドゥー教のシヴァ神崇拝へと改めた。そのために、眼は、伏し目型から杏仁形《きょうにんけい》へ、彫り改められた、とも想像されよう。

そこで、シヴァ神といえば、その姿にきわめて似た姿の、仏像がある。それは、ヘーヴァジラという密教の尊像である。ジャヤーヴァルマン七世王の時代に信奉された。この種の青銅像が、カンボジアのみならず、タイ国北西部からも、見つかっている。図版115は、現在プノン・ペン国立博物館に収蔵される。アンコール・トムから出土した、青銅像である。

まず、身体は、シヴァ神のおゆで、舞踏の姿勢をなす。顔は、明らかに、額に眼をつけた三眼である。頭上には宝冠をのせ、耳璫《じとう》をつけている。日本の密教美術の明王のようである、このヘーヴァジラ仏は、実にバイヨンの顔に似ている。しかし、見ての通り、頭部は、同種の頭が三重に積みあげられていて、バイヨンの頭と異なる。だが、ヘーヴァジラ仏は、すでにのべた阿閦仏《あしゅくぶつ》と、密接な関係があり、阿閦仏から放射された一つと、いわれる。

八、おわりに

以上、本初仏、阿閦仏《あしゅくぶつ》、ヘーヴァジラ仏、といった三種類をとりあげて、バイヨンの尊顔が、何を表していたのか、その考えをのべてきた。想いかえせば、バイヨンの碑文類の中で、建物の顔について、一言もふれない限り、それらは、形の類似性から見た、推論にほかならない。ともかく、九世紀より始まるアンコール帝国の諸王は、主に、ヒンドゥー教のシヴァ神を、信奉してきたのである。

したがって、十二世紀の終わり頃に至って、ジャヤーヴァルマン七世王が、仏教を崇拝したとしても、シヴァ神信仰に対する習慣は、根強い伝統として、生き続けていたはずである。ジャワにおける、仏とシヴァ神との結合による信仰が、十三世紀に流布していたように、アンコールでも、ヒンドゥー教と仏教とが、混交した信仰が、普及していたのである。

終わりに、バイヨンの顔については、過去に諸説あったが、私はそれがシヴァ神の顔と信じる。シヴァ神は、ヒンドゥー教第一の主神であり、額には、眼が一つあって、顔は、全三眼である。別称で「パラハシテーシュヴァラ」と呼んで、それは笑いの神である。人々の万病を救う恩恵の神なのである。それゆえに、バイヨンの顔は、四方に向かって微笑《びしょう》し、笑い顔をなしている。それは正に、王国の庶民に見せようとした、王をはじめとする、僧や師や彫工の願いであったのだろう。

ヒンドゥー教の最高の聖典『バガヴァッド・ギーター』は、当時、当然、拝読されていたはずで、その第十一場、宇宙普遍相の中に、シヴァ神のことを唄《うた》っている。その個所を拝読すると、バイヨンの顔は、確固として、シヴァ神とその出現の光景であることが、知らされる。その個所をぬき出して、ここに記しておく。

「淵源なく中間なく、終わりなき無限の力、無数の御腕、犠牲の火の如《ごと》き、日月の双眼、その眼光は燃え、その輝きは全世界を焼く、我は斯《か》くの如き聖顔を仰ぐ」（11－19）

「至上荘厳なるイシュヴァラ神の御姿を示し給《たま》う。御姿には無数の眼あり、口あり、無眼の不可思議なる幻《まぼろし》、無数の爛々《らんらん》たる天井の飾りと聖なる武器を持ち、天井の爛々たる頸飾《くびかざ》り、絢爛《けんらん》たる衣裳をつけ、芳《かんば》しき聖油をぬり、千種万態、無方辺の驚異《きょうい》に満たされ、四方八方をへいげいする面相を以て御姿を現はし給へり。（11－9・10・11）

これは極短い二句であるが、聖典の全体を通して拝読すると、バイヨンの顔のことを説いていることがわかる。バイヨンの顔は、見る人々へ示した、シヴァ神の脅威《きょうい》と恩恵《おんけい》とを、知らしめようとした尊顔なのである。先の句にある「聖顔」とは、バイヨンの顔、それ自身であり、「イシュヴァラ神」とは、シヴァ神の一つの別名なのである。

図版 106　バイヨン寺院の人面群、シヴァ神の尊顔か、12 世紀末～ 13 世紀初期作、顔の大きさ：約 2m、砂岩造り、写真家・上山益男氏撮影、提供

図版 107　バイヨンの人面塔、12 世紀末～ 13 世紀初期作、アンコール遺跡群バイヨン

図版 108　蛇上仏、バイヨン寺院の中央基底部より発見、12 世紀末〜13 世紀初期作、高 1.4 m、砂岩製、
バイヨン近くのお堂に安置

図版 110　タ・サオムの人面塔、12 世紀末〜13 世紀初期建立

図版 109　観世音菩薩像、バイヨン寺院内の破風彫刻、12 世紀末〜13 世紀初期作、砂岩製、
斉藤寛氏撮影

図版111　ふし眼に彫られた人面、バイヨン寺院の人面塔、12世紀末〜13世紀初期、高約2m、砂岩造り

図版112　杏仁形の眼に彫られた人面、バイヨン寺院の人面塔、12世紀末〜13世紀初期、高約2m、砂岩造り

図版 113　人面塔、都城アンコール・トムの南大門の上部に見る、
12 世紀末～13 世紀初期、砂岩造り

図版 115　ヘーヴァジラ仏、アンコール遺跡群のアンコール・トム出、12 世紀末～ 13 世紀初期、高 22㎝、青銅製、プノン・ペン国立博物館収蔵

図版 114　宝冠仏坐像、阿閦仏か、出所不明、13 世紀作、高 20㎝、青銅製、ジェームス・トンプソン美術館（バンコク）収蔵

挿図 33　バイヨン寺院の中央聖塔堂とシヴァ神の尊顔類、著者筆

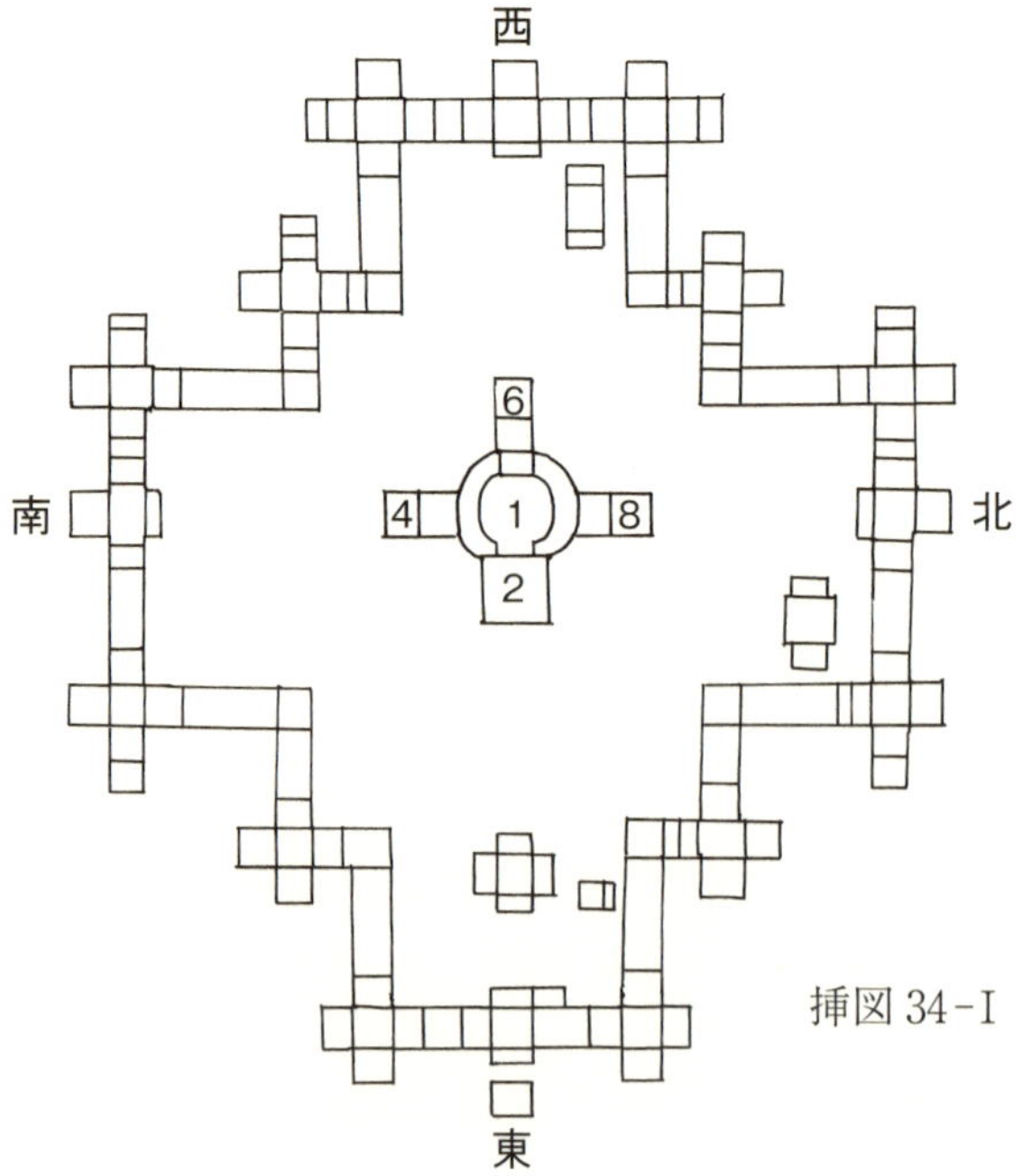

挿図 34-Ⅰ：第１段階

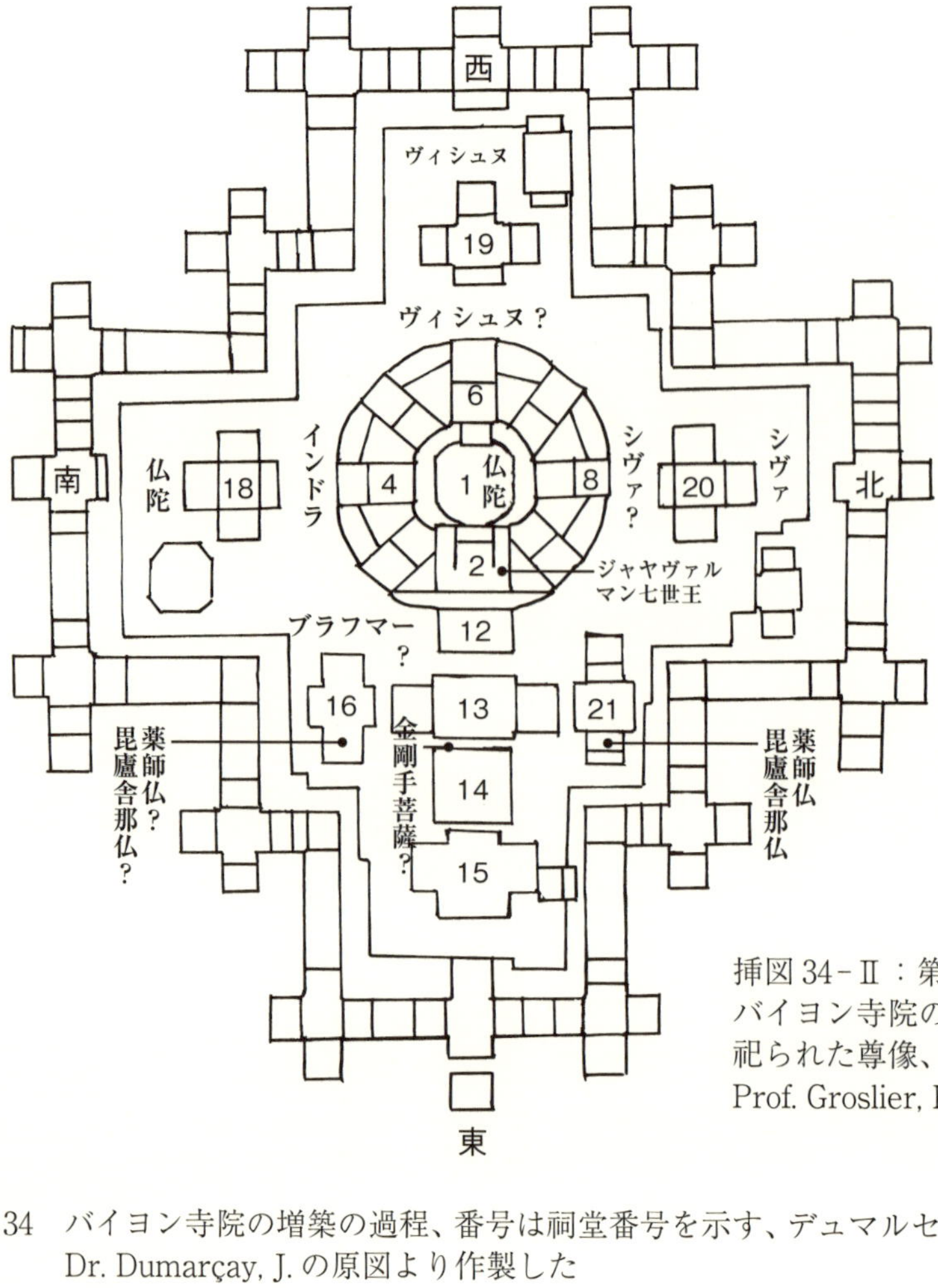

挿図 34-Ⅱ：第２段階
バイヨン寺院の中心主要部に
祀られた尊像、グロリエ教授
Prof. Groslier, B. Ph. より

挿図 34　バイヨン寺院の増築の過程、番号は祠堂番号を示す、デュマルセ博士
Dr. Dumarçay, J. の原図より作製した

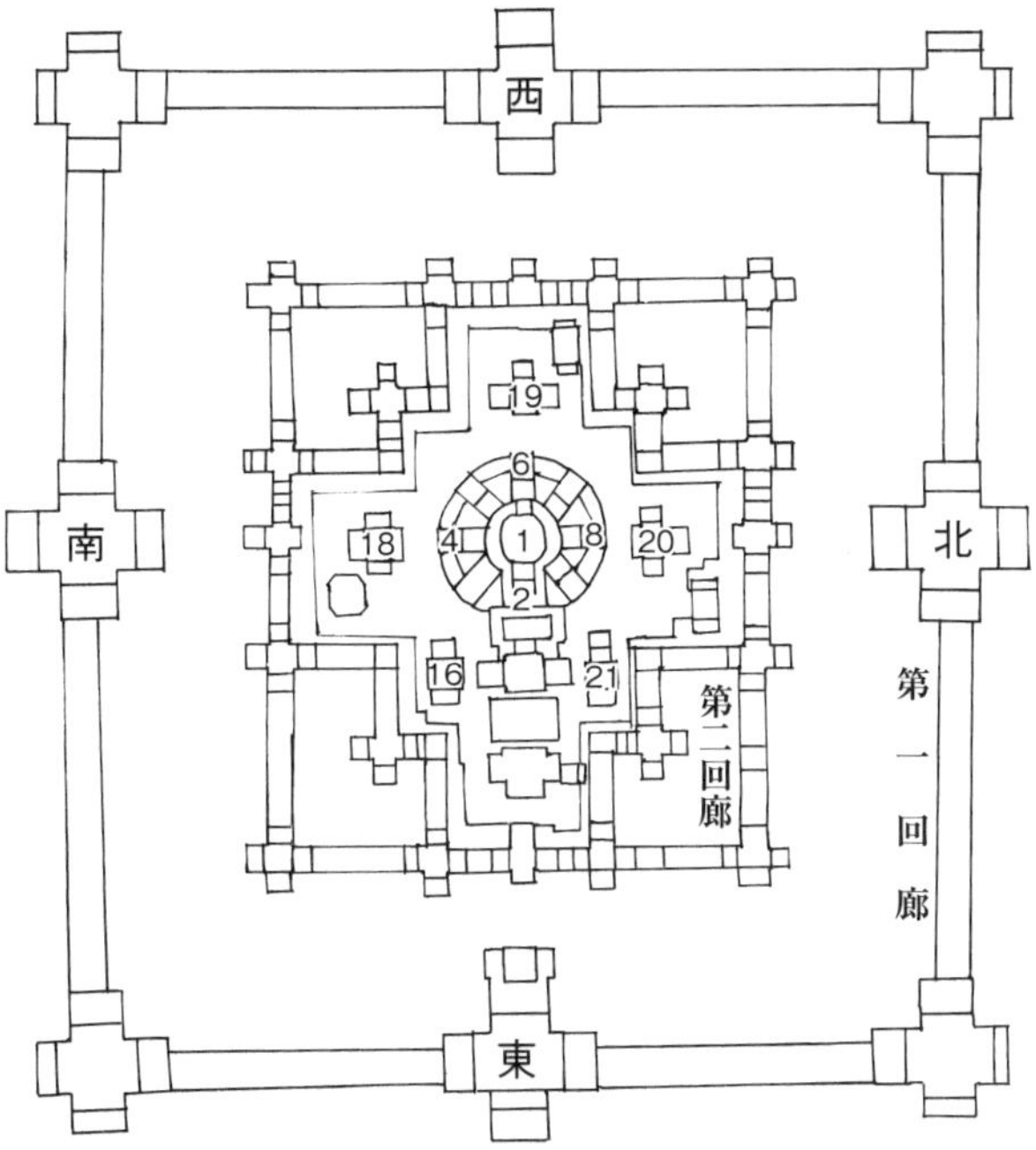

挿図 34 - Ⅲ：第 3 段階

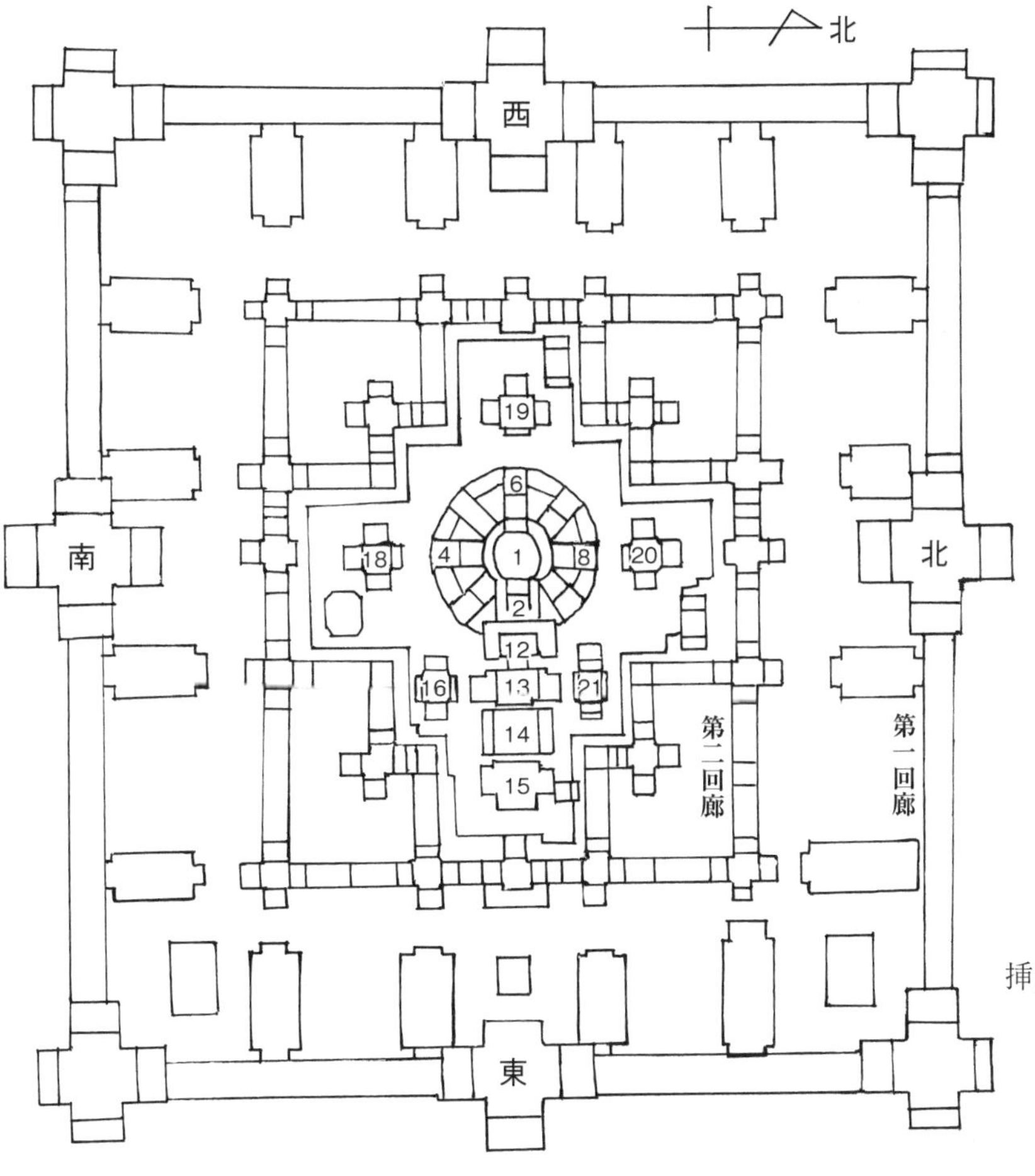

挿図 34 - Ⅳ：第 4 段階

第六章

七世大王の観音

一、はじめに

カンボジアのアンコール帝国（九～十五世紀）の首都、アンコールにある沐浴《もくよく》場跡、ニアック・ポアンは、観世音菩薩の遺跡として、名高い。アンコール帝国の名君、ジャヤーヴァルマン七世王（在位・一一八一～一二一五年）の治世に、造営された。王は、大乗仏教、ことに観世音菩薩の信奉者として、知られる。アンコール帝国時代の大半の王は、ヒンドゥー教を信奉したが、この王は、仏教に帰依した。この点から、王は、実にアンコール帝国史上、ユニークな存在であり、それとともに、王の治世に造営された寺院や、仏像の量は、多い（図版71）。

ここでは、ジャヤーヴァルマン七世王の時代に信仰された、一種独特な形をなす観世音菩薩、略して観音像について、とりあげる。この観音像は、アジア仏教美術史上、クメール美術が生んだ、独自な姿をなす仏像で、インド仏教美術の中でも、この種の観音像を、見たことが無い。

この観音像は、おそらく、当時のアンコール帝国に伝わっていた、仏教経典、『カーランダ・ヴューハ・スートラ』と関係がある。この経典は、サンスクリットで書かれ、インドから当時のカンボジアへ、伝わっていた、と思われる。残念ながら、私はこのサンスクリット仏典を、読むことが出来ない。しかし、幸運なことに、それは、中国、宋代の十一世紀に漢文に翻訳された。訳者は、天息災《てんそくさい》というインド僧で、漢訳の仏典は、『仏説大乗荘厳宝王経《ぶっせつだいじょうしょうごんほうおうきょう》』（大乗荘厳宝王教と略す）と題し、現在、『大正新修大蔵経』第二十巻、密教部三に、収まり読むことができる。

ここでは、その『仏説大乗荘厳宝王経』の内容を通じて、もう一度、ジャヤーヴァルマン七世王時代の仏教美術、ことに、独特な図像をなす観音像についてのべる。そこで、実際に、この漢訳仏典を、再度読んでみると、この独特な観音像は、明らかに『仏説大乗荘厳宝王経』との関連が、認められる。いいかえると、後で見せる一種の観音像は、その仏典を基礎にして、造られたもの、と考えられる。

二、聖馬観音の物語

『大乗荘厳宝王経』を拝読すると、その中で、最も印象深い箇所がある。それは、観音が、身体を馬に変えて、この世に出現し、この一頭の聖馬が、迷い苦しむ商人たちを、救った物語である。この物語は、確かに、ジャヤーヴァルマン七世王の治世に、造営された沐浴場《もくよくじょう》跡、ニアック・ポアンの石造彫刻、聖馬と関係がある（図版118・挿図35）。

聖馬像は、物語中の聖馬を彫り出した。おそらく、王の治世には、この仏典のサンスクリット本が、観音信仰の基礎となっていた、と考えられる。ここでは、まず、その漢訳本『仏説大乗荘厳宝王経』に語られた、観音の化身、聖馬の物語を、明白に伝えたい。その前に、ニアック・ポアンの聖馬について、のべておくことにする。

ニアック・ポアンは、シエムリアップ町の北東、約十二キロの地点に位置する。ジャヤーヴァルマン七世王の王城跡、アンコール・トムの東北東、三キロにある。正方形の沐浴場《もくよくじょう》の中央には、観音堂が建ち、それは、東に入口を開き、この入口の下、池の中に、高さ三メートルの石造の聖馬像（図版117）が、安置されているのである。

聖馬像には、頭の位置に、一人の男子、商隊長、馬の首につかまり、また、その足や尾にも、幾人もの男たちが、馬にぶら下がっている。この聖馬像とは、従来、観音が馬に姿を変えて、人々を救った光景である、と考えられてきた。ニアック・ポアンを代表した石像として、愛されている。『仏説大乗荘厳宝王経』の第三巻に説かれ、物語の筋を簡単にのべると、次の通りである。

仏は、前世にて、ある商隊長として生まれた。商隊長は、五百人の商人をつれて、船で師子国へと向かった。その途中、商隊長の船は、大嵐にあい、壊れる。商隊長をはじめとする商人たちは、波に浮かんで、やがて、師子国の海岸へと、たどり着いた。
この師子国には、五百人の「羅刹女《らせつじょ》」（魔女）がいて、魔女らは、商隊長と商人たちに近づき、それぞれの妻になった。商人たちは、魔女が差し出す食事、衣服、装身具、香などに喜びを感じて、快楽な日々を、二百三十七日間すごした。

商隊長の妻となった魔女の名前は、「羅底迦覧《らていからん》」ラテイカランといった。ある日、この妻が笑うので、商隊長は、不思議に思う。妻に問いただすと、妻は、南に行った所に、鉄城があるという。そこで、商隊長は、一人して、その鉄城へとおもむく。そして、その城内をのぞきこむと、そこには、多くの商人たちが、閉じ込められていた。また、多くの者たちは、すでに、魔女らによって、食い殺されてしまっていた。

商隊長は、おどろき、自分たちもやがて、あの鉄城の中に入れられる運命に、あることを知る。再び、妻のもとにもどり、いかにしてこの悲運から逃れうるか、と妻にたずねた。そこで、妻は、聖馬による救済について、商隊長に教えるのだった。妻は、師子国の金砂地に、一頭の聖馬がやって来るから、その聖馬に会え、という。会うと、聖馬は、声を出して、三度、「だれか故国（彼岸《ひがん》）へ、帰りたいものは、いるか」とたずねる、というのであった。

商隊長は、この幸運を聞いて、商人たちに鉄城で見たこと、今、みんなが妻としている女たちについて告げる。そして、我らは、聖馬に会って、故国に帰ろう、と伝える。それから三日後、商隊長と商人たちは、例の聖馬に会う。商隊長は、率先して聖馬の背に乗る。続いて、商人たちも、聖馬に乗り、また、馬の足や尾にもしがみついた。この出発に際して、聖馬は、商人たちに告げた。「けっして師子国での楽しかった生活を、想い出してはならん」と。

そこで、商人たちを乗せた聖馬は、大空に向けて、舞いあがった。故国に向けての出発である。その後、飛行中、商人たちは、聖馬が言った忠告を守らず、過去の妻（羅刹女）との快楽の日々を想い出す。そのため、商人たちは、一人ずつ、そして、ついに全員が聖馬から離れ落ち、死んでいった。だが、ただ一人だけ、主人公の商隊長は、聖馬の忠告を堅く守りぬいたために、聖馬から落ちず、無事に、故国へと帰ることができた。

帰りを待ち望んでいた商隊長の父と母とは、出迎えて、涙を流して、息子の帰宅を喜んだ、とある。この物語での聖馬とは、実は、観音の化身であった、と説く。過去に愛着《あいちゃく》した者は、落ち、今、観音に思いをよせる者は、彼岸《ひがん》に達する。

三、天人放射観音像

クメール美術史の区分上、ジャヤーヴァルマン七世王の時代の仏像や神像は、「バイヨン様式」と呼び、分類される。これは、一見してすぐに分かるほど、顔と身体の作りに、一種独特な特徴を備えている。バイヨン様式にもとづく仏像群の中には、観音像が含まれる。この観音像の中に、バイヨン様式の不思議な姿の観音像が、今日、残っている。これらをここで仮に、「天人《てんにん》放射観音像《ほうしゃかんのんぞう》」、と名付けると、それらは、身体の上半身の皮膚《ひふ》面、毛根から、多くの天人たちを放射した姿の、観音像なのである。

この種の観音像は、ジャヤーヴァルマン七世王以前の美術遺品の中に見られず、この王の時代を中心に、多く造られたようである。それらの中には、今日、きわめて優れた像も、残っている。まず、これまでに知った、天人放射観音像の全部で七体の遺例を、ここに紹介しておきたい。そのうちの三体は、カンボジアから、また、二体がタイ国から発見された。この五体のうち、最も優れた像は、現在、フランスのパリにある、ギメ国立東洋美術館に、陳列されている。この像（図版119）は、カンボジアのコンポン・トム州、コンポン・スヴァイにある寺院遺跡、プレア・カンから発見された。砂岩製で、像高が一・二三メートルある。

この観音像は、その上半身の皮膚《ひふ》面に、無数の天人たちが、浮彫で彫り出されている。全八本の腕を有していたが、すべて欠けて、消失してしまった。

カンボジアから出たもう一体（図版73）は、今日、プノン・ペン国立博物館に、陳列されている。アンコール遺跡から発見され、さらにそのどこの場所から出たのか。不明である。砂岩製で、像高が約一メートルほどある。同じく、全八本を有していたが、おしくも左側の四本の腕は、全く肩の位置から壊《こわ》れて、消失してしまった。

さらに、カンボジアのプノン・ペンの南、タカエウ州のトンレ・バディにある寺院跡、タ・プロムの本堂の中に、本尊として安置されていた。この寺院は、ジャヤーヴァルマン七世の時代に、建立されたといわれる。この石造の観音像は、すでに壊れて、胴体のみが残っていて、住民の信仰の対象になっていた。タイ人、チュティウォン女史の著書の中に、破壊される以前の写真図版が見られる。その像は、現在、二〇一九年、プノン・ペン国立博物館に確かに、陳列されてあった。

次に、タイ国から発見された、天人放射観音像をあげると、この一体（図版120）は、中部西方、カーンチャナブリー県、サーイ・ヨックにある寺院跡、プラーサート・ムアン・シンより出た。先のプノン・ペン国立博物館収蔵の観音像よりも、優れた像で、現在、バンコク国立博物館にある。砂岩製で、像高が一・六一メートルあり、もともと全八本腕を有していたが、八本は壊れてしまった。

タイ国出のもう一体（図版121）は、ラーッチャブリー県、バーン・ポンにあるコシナーラーイ池の寺院跡、チョム・プラサートからの、トルソー像である。砂岩製で、像高が一・一五メートルある。バンコク国立博物館に収蔵される。この観音像も、全八本の腕を有していたが、八本腕をはじめとし、頭部も壊れて、消失していた。例の多くの天人たちは、この像の心臓の位置から上方にかけて、彫り出されている。

さて、この種の観音像で、最大の大きさのある石像を、紹介しておきたい。それは、現在、シエムリアップ市の北、アンコール・ワットへ行く途中にある、アンコール遺跡保存局に収蔵されている。残念ながら非公開の像である。その写真（図版116）を、ここに見せておく。写真の右側の一体は、上半身に多くの天人たちが浮彫にされてある。向かって左側の一体は、未完成の状態の石像である。その大きさに、驚かされてしまった。

以上あげた六体は、すべて手が消失しているため、この天人放射観音像の持物が、何であったか、不明である。八本腕である点が、共通した特徴である。この八本の手の持物について、想像する上で、参考となる像が、一体（図版122）、ギメ国立東洋美術館に、残っている。これは、像高が三八・五センチの小型の青銅像である。明らかに、バイヨン様式の天人放射観音像であるが、上半身に見るはずの天人たちは、上半身をおおっていない。そのかわりに、腕飾《わんしょく》、臂釧《ひせん》、腕釧《わんせん》、足釧《そくせん》にのみ、表し出されている。

天人は、それらの装身具の上に、ついている。それ以外では、心臓の位置に一体、また、腹の位置に三体の天人が、やや大きめに彫り出されている。

次に、持物について見ると、右側の一番前の手から、神像（座像）、経冊《きょうさつ》、宝鈞《ほうちょう》、五鈷《ごこ》、杵《きね》の順に持つ。一方、左側の手は、前の方から、宝剣《ほうけん》、水瓶《すいびょう》、数珠《じゅず》、円輪《えんりん》を、にぎっている。はたして、この種の持物が、同じように、先に見てきた石造の観音像の持物にも、本来あったかどうか。一つの参照となる。

四、仏典に見る天人

観音の身体から、多くの天人を放射することは、先にあげた『仏説大乗荘厳宝王経』の三個所にて、説かれている。その一つは、第一巻にて、仏が除蓋障菩薩《じょげしょうぼさつ》に説いた、観音の威神功徳《いしんくどく》についての個所にある。そこを引き出すと、次の通りである。

「観自在菩薩は、その眼中において、日月を出し、額中に、大自在天《だいじざいてん》を出し、肩は、梵王天《ぼんおうてん》を出し、心は、那羅延天《ならえんてん》を出し、牙《は》は、大弁財天を出し、口は、風天を出し、腹は、水天を出す。観自在の身は、このような諸天を出す。」（国訳一切経・密教部五・九五－六頁）

「観自在菩薩」とは、観音のことであるが、この個所で、観音がヒンドゥー経の三主神を、各所から放射している。すなわち、観音の額《ひたい》の中から、「大自在天」こと、シヴァ神が出ている。次に、その肩から、「梵王天《ぼんおうてん》」こと、ブラフマー神が出る。さらに心から、「那羅延天《ならえんてん》」こと、ヴィシュヌ神が放射している、とある。この不思議な威力に加えて、観音の身体からは、「諸天」、すなわち天人たちを放射している、と説いている。

もう一個所は、この仏典の第三巻にて、先にのべた聖馬の終わりに説かれる。前と同様に、仏が除蓋障菩薩《じょげしょうぼさつ》に説いた、言葉の中にある。その個所を、引き出すと、次の通りである。

「時に、聖馬観音（聖馬）とは、観自在菩薩、これなり。この危難の死の怖畏《ふい》の中において、我（商隊長）を救済した。除蓋障菩薩よ、我は今、この観自在菩薩の功徳の広大なことを、説きえない。我は、今、汝《なんじ》のために、この観音自在の身体の毛孔の中にある、功徳を説く。除蓋障《じょげしょう》よ、観自在菩薩の身体には、金の毛孔《もうこう》がある。その中には、無数、百千万もの、倶胝庚多《ぐていゆた》の彦達縛《げんたつばく》がいる。（略）また、黒の毛孔《もうこう》があって、その中にも、無数、百千万もの、倶胝那庚多《ぐていなゆた》の具通神仙《ぐつうしんせん》の人がいる。」

この一文からも分かるように、観音の身体の毛孔《もうこう》の中には、「彦達縛《げんたつばく》」や「神仙《しんせん》」がいる。「彦達縛《げんたつばく》」とは、男性の天人、ガンダルヴァのことである。「神仙《しんせん》」とは、「具通《ぐつう》」こと、神通力をそなえた仙人をさす。明らかに、観音の身体、正しくは、身体の毛根《もうこん》の中には天人や仙人がいるのである。もう一個所は、同じく第三巻の中にあり、仏は、再び除蓋障菩薩《じょげしょうぼさつ》に説いた言葉の中に、見い出される。すなわち、次の通りである。

「その菩薩の身体（観音）には、毛孔《もうこう》があり、鹿甘露《ろうかんろ》と名づけられる。その毛孔《もうこう》の中には、無数、百千万もの倶胝那庚多《くていなゆた》の天人がいて、その毛孔《もうこう》の中に住んでいる。」（国訳一切経・密教部五・一二三頁）

と、説かれる。これも明らかに、観音の身体の毛孔《もうこう》の中には、「天人」がいることを、語っている。なお、前の章で示した、全六体の天人放射観音像は、すべて心臓の位置に、他の天人よりもやや大き目の姿の天人が、一体、表される。この天人は、先に記した「心は、那羅延天《ならえんてん》を出し」とあったことから、那羅延天《ならえんてん》とはヴィシュヌ神を示していることになる。

また、腹の位置にある天人の三体は、同じく「腹は、水天を出す」とあったことから、これは、水天こと、ヴァルナ神を表現しているもの、と解釈される。

五、観音により救済

ジャヤーヴァルマン七世王の時代のクメール族は、どのような心情で、天人放射観音像に向かって、礼拝したのか。『仏説大乗荘厳宝王経』を通じてうかがうに、観音像は、ヒンドゥー教の諸神像よりも、優位に立ちうる神格であることを、印象づける。いいかえると、従来からのヒンドゥー教の信仰の中にあって、その民族の中に溶《と》け込みやすい、最高の神格であったことが、理解できる。

『仏説大乗荘厳宝王教』の第二巻に見る、バラモン教（ヒンドゥー教）徒であった、アシュラ王（阿蘇羅《あそら》）が、以前の信仰を懺悔《ざんげ》し、観音に帰依するに至る経緯《けいい》は、この仏典を読む人には、強烈な衝撃《しょうげき》をあたえる。観音信仰の正当性を説いていた。

また、第一巻の終わり頃にて、観音が世の人々を救うために、身体を二十種に変えて現れる、という、いわゆる「観音二十化身」も印象ぶかい。それは、仏教の観音とヒンドゥー教諸神とを、分け隔《へだ》てない、温和な性格を、醸《かも》し出している。二十化身とは、仏身、菩薩身、縁覚身《えんがくしん》、聲聞身《しょうもんしん》、大自在天身《だいじざいてんしん》、那羅延身《ならえんしん》、梵王身《ぼんおうしん》、帝釈身《たいしゃくしん》、日天子身、月天子身、火天身、水天身、風天身、龍身、頻那夜迦身《ひんなやかしん》、薬叉身《やくしゃしん》、多門天身、人王身、宰官身《さいかんしん》、父母身である。

このうち、特に、注目すべき化身は、「大自在天身《だいじざいてんしん》」と、「那羅延身《ならえんしん》」と、「梵王身《ぼんおうしん》」とである。この三つは、まさにヒンドゥー教の三主神にあたる。大自在天身《だいじざいてんしん》は、シヴァ神、那羅延身《ならえんしん》は、ヴィシュヌ神、梵王身《ぼんおうしん》は、ブラマー神である。これらは明らかに、観音がヒンドゥー教の三主神にも、変身しうる同格、もしくはそれらよりも優れた上位の神格、となっている。従来、シヴァ神や、ヴィシュヌ神を、最高の神として崇めてきた、クメール族の諸王や国民にとって、新しい天人放射観音像は、たやすく受け入れやすい、尊像であったと考える。
そこで、この仏典にて、人は、いかにして、観音による救済がえられるか、が説かれる。その部分を引用し、わかりやすく記し留める。まず、この一文は、その第一巻にあり、式棄仏《しききぶつ》が宝手《ほうしゅ》菩薩《ぼさつ》に説いていた。

「この世界に、もし人あって、よく観音の御名を憶念《おくねん》すれば、その人は、将来、生・老・病・死の輪廻《りんね》の苦から、遠離《おんり》し、(略)すみやかに、極楽世界に往生《おうじょう》しうる。目前に、無量寿仏《むりょうじゅぶつ》を見て、仏の妙法を聞く。このような人は、永遠の輪廻《りんね》の苦を受けず、貪《どん》・瞋《じん》・癡《ち》がなく、老・病・死もなく、飢饉《ききん》の苦もなく、胎生《たいせい》による生きる苦も、受けない。法の威力をうけて、蓮華から化生《けしょう》し、極楽世界にいて、観音にお会いする。」

また、その第二巻の中にて、摩迦陀国《まかだこく》の非常に長寿の老人が、国民に説いた、観音の功徳神通力の個所に、次のようにある。

「もし人あって、この観音の御名を念ずる者は、その人は将来、一切の輪廻《りんね》の苦を遠離《おんり》する。(略)もし人あって、よく観音像の前に、四方曼荼羅《まんだら》を建て、香や花をもって、観音を供養する者は、この人は将来、転輪聖王《てんりんせいおう》を知って、七宝が備《そな》わる。(略)もし人あって、一本のお花をもって、観音に供養する者は、この人は、身に妙香《みょうこう》を出し、生まれるごとに、身体の姿が円満となる。」

なお、観音の名前を念じる名号《みょうごう》は、この仏典の第四巻に、説かれる。それは、「六字大明《ろくじだいみょう》陀羅尼《だらに》」といって、人は、「オーム・マニ・パドメー・フン」と唱えよ、とある。この念誦《ねんず》は、観音に往し、また、観音の微妙《びみょう》な本心である、と説かれている。

六、おわりに

現在のカンボジアには、十二世紀と十三世紀頃のサンスクリットの仏教経典が、残っていない。ジャヤーヴァルマン七世王の時代に尊重された仏典は、何であったか。それに代わって、当時の仏像が、残っている。その特異な仏像などの有様から、当時の仏典を、逆に推測することができる。ここにあげた、『仏説大乗荘厳宝王教』は、その一例である。

このたび、拝読した仏典は、サンスクリット本、梵本ではないが、中国の宋代でなされた漢訳本が、日本にも伝わっていた。それを通じて、ここでは、ジャヤーヴァルマン七世土の時代に崇拝されていた、観音菩薩への信仰を、理解しようとした。

最後にあたり、この天人放射観音像を本尊とした寺院跡があり、今日でもその観音像に、参拝することができる。プノン・ペンの南、約三十五キロにあたる、トンレ・バティーの遺跡、ワット・タ・プロムである。同じく、ジャヤーヴァルマン七世王の建立である。すでにのべたように、その本尊の観音像は、壊《こわ》れてしまっていたが、たとえ完全な姿の石仏でなくても、いまだに、カンボジアの人々の信仰の対象であった。お線香がたくさんあげられて、祀《まつ》られてあったことを、想い出す。

図版 116　巨大な天人放射観世音菩薩像、向かって左側の一体は、未完成の像、右側の一体は、天人放射観音像。足下にいる猫と比べると、その大きさがわかる。出所不明、12 世紀末～13 世紀初期、石造、バイヨン様式、アンコール保存事務局収蔵、非公開

図版 117　観世音菩薩の化身、聖馬とそれにつかまる商人たち、アンコール遺跡群のニヤック・ポアンの沐浴場内、12 世紀末～13 世紀初期作、高約 2.5m、砂岩造り

図版 118　ニヤック・ポアン、アンコール遺跡群、12 世紀末～13 世紀初期建立、観音堂と沐浴場

図版 119　天人放射観世音菩薩像、コンポン・トム州、コンポン・スヴァイのプレア・カン出、12 世紀末～13 世紀初期作、高 1.13m、砂岩製、フランスのギメ国立東洋美術館（パリ）収蔵、バイヨン様式

図版 120　天人放射観世音菩薩像、タイ国カーンチャナブリー県、サーイ・ヨックのプラーサート・ムアン・シン出、12 世紀末～13 世紀初期作、高 1.61m、砂岩製、バンコク国立博物館収蔵、バイヨン様式

図版 121　天人放射観世音菩薩像、タイ国
ラッチャブリー県、バーン・ポンの
コシナーラーイ池のチョム･プラサード出、
12 世紀末〜13 世紀初期作、高 1.15m、
砂岩製、バンコク国立博物館収蔵、
バイヨン様式

図版 122　天人放射観世音菩薩像、出所不明、
12 世紀末〜13 世紀初期作、
高 38.5㎝、青銅製、
ギメ国立東洋美術館（パリ）収蔵、
バイヨン様式

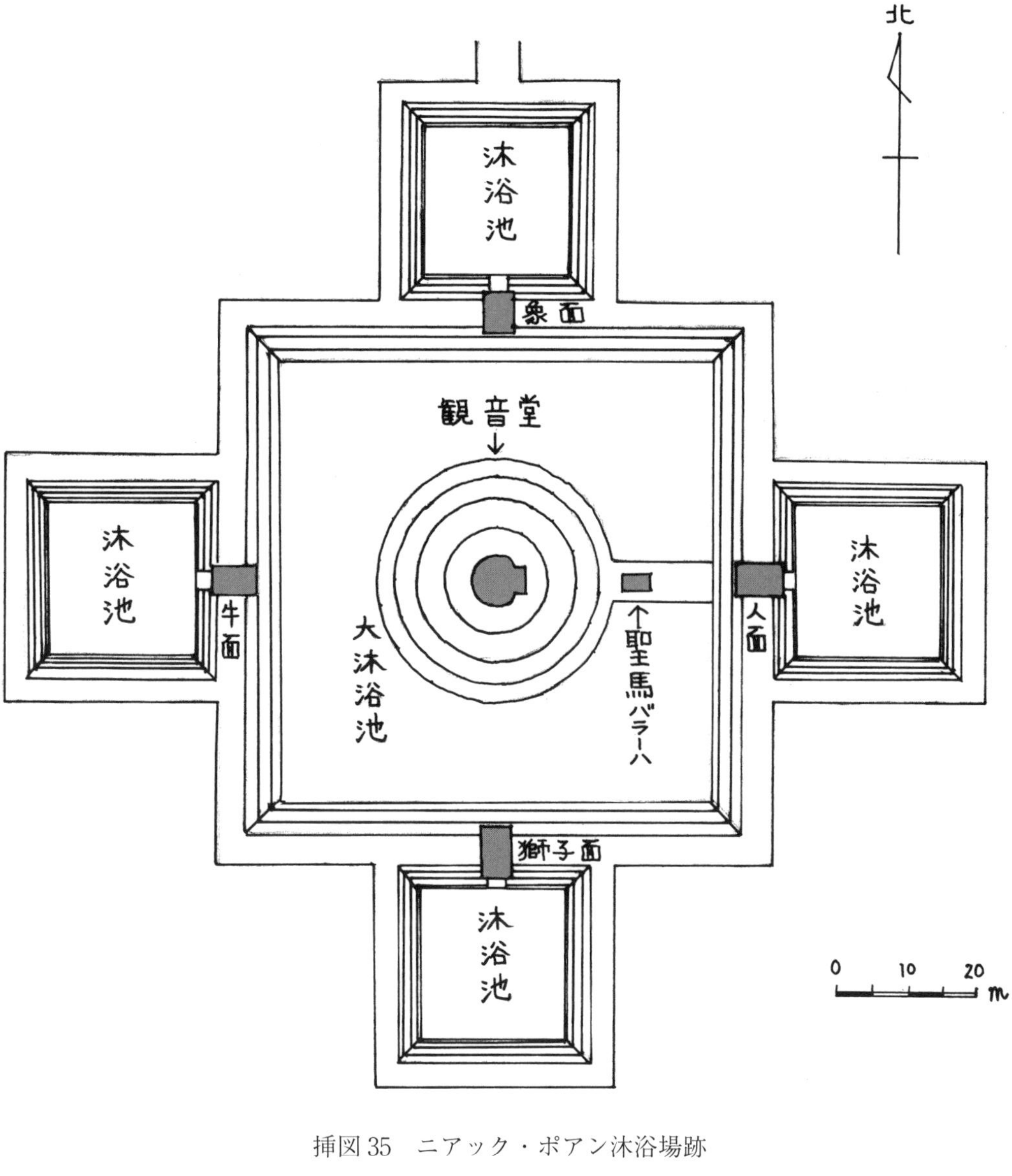

挿図35　ニアック・ポアン沐浴場跡

第七章　クメール美術の衰退

アンコール帝国は、八〇二年より一四三二年まで、約六百年間、続いた。そして、十二世紀後半のジャヤーヴァルマン七世王の退位をもって、クメール美術の繁栄は、終りをとげた印象をあたえる。それ以降の約百年間の美術は、衰退へと向かった、下降の時期である。その主要な原因は、王国が信奉してきた宗教にあったのだろう。

それは、すでに第六章でも語ったように、信奉した宗教が、複雑化した点にある。つまり、ヒンドゥー教と大乗仏教との混合にあった。その具体的な例は、先の第六章での『仏説大乗荘厳宝王経』の内容にあり、また、第五章でふれた、ジャヤーヴァルマン七世王の建立によった、バイヨン大寺院の諸神、諸仏の安置内容からも認められる。その安置を示した、挿図34-Ⅱを見ていただきたい。

アンコール帝国の諸王は、ヒンドゥー教を主にして、仏教をも信仰してきた。しかし、このジャヤーヴァルマン七世王の治世になって、大乗仏教の密教、金剛乗の仏像、ヘーヴァジラ仏(図版114)まで、信奉されるに至った。このように、様々な種類のヒンドゥー教の神々や、大乗仏教の諸仏が尊重され、その信仰の対象は、実に複雑になってしまっていた。

この複雑化した状態から、より単純な状態へ是正させようとしたのが、上座仏教という、スリランカからの仏教であった。その上座仏教の導入が、先駆的に行われたのが、同じくこのジャヤーヴァルマン七世王の治世にあった。それが七世王の息子、タマリンダ王子によるスリランカへの留学と、アンコール都への帰国であった。時は、一一九〇年のことである。

タマリンダ王子については、ビルマの年代記『玻璃王宮大王統史《はりおうきゅうだいおうとうし》』の中に、記録されていた。その名前は、「シン・ターマリンダ」とあり、カンボジアの王子、と明記されている。当時、ビルマのバガン王朝第七代目の王、ナラパティスィートゥ王（在位：一一七三～一二一一年）の治世であった。当時の高僧、モン語でチャパタ、ビルマ語でサパタと称する長老と共に、スリランカから帰国している。

タマリンダ王子は、僧侶、比丘として、スリランカに六年間滞在し、ビルマのバガン都よりアンコール都へ帰った。パーリ語諸仏典に通じたシン・ターマリンダ長老は、帰国後、その新鮮な仏法、上座仏教の伝播に努めた。それは次第に、従来のヒンドゥー教への対抗となっていったのだろう。根本聖典『ヴェーダ』や法典類へ、また四姓階級を規定したカースト制度や、神々への祭祀を尊重した、ヒンドゥー教へ対立したのであろう。

この対立は、ジャヤーヴァルマン七世王の治世に始まる。王の別の息子、タマリンダ王子の兄は、後に、インドラヴァルマン二世王（在位：一二一五～一二四三年）の名で即位した。ついに一二四三年に、その対立が爆裂したと言う。その年に、ヒンドゥー教を信奉したジャヤーヴァルマン八世王（在位：一二四三～一二九五年）が即位した。この八世王が当時、多くの仏陀像を破壊した、とみなされている。その悪因によってか、一二九五年に、八世王は、当時の将軍によって殺害された。この将軍がスリ・インドラヴァルマン王（在位：一二九五～一三〇八年）となる。

この王も十三年後に殺害された。その後をついだスリ・インドラジャヤヴァルマン王と、ジャヤーヴァルマン九世王は、共にヒンドゥー教のバラモン僧であった。このように続いてきた約百年間、ヒンドゥー教と大乗仏教と対立があり、一三三六年に、その対立は宗教革命をもって、終止符を打ったと言われる。それが別の新仏教、上座仏教《じょうざぶっきょう》の到来である。

当時、ヒンドゥー教と大乗仏教とが除去されて、悲しくも、すべてのバラモン僧が殺された。また、ジャヤーヴァルマン九世王は、死刑となり、この王の王族、家臣たちも同様であったと言われる。これにともない、ヒンドゥー教や大乗仏教の寺院等のあらゆる建造物が、新しい仏教僧によって移住された。従って、アンコール・ワットの本尊であった、ヴィシュヌ神像は、打ちたおされ、それにかわって、釈尊像が安置された。また同様に、バイヨン大寺院のジャヤーヴァルマン七世王の肖像も破壊され、バイヨンの中心部の井戸の中へと、なげすてられた。

アンコール都にあった諸寺院は、機能しなくなり、経蔵の中に収まっていた、サンスクリットの経典類は、すべて焼かれた。そのため、これまでに、約千二百年間用いられてきた、公的なサンスクリットこと、梵語の作文は禁止された。このようなことがあって、アンコール遺跡をはじめとする、クメール寺院は、廃墟と化していった、と言われる。

先に述べた一三三六年に起きた、上座仏教への宗教改革は、西の隣国、スコータイ王国からのあおりである。スコータイ都の同期の建築美術を見れば、その威力が十分に波及した、と想像できる。当時は、スコータイ王朝のロ・タイ王（在位：一二九八〜一三四六年）の治世にあたり、スリランカからの工人たちが来ていたことが、知られている。アンコール都は、もはや従来のように、複雑な宗教形態では、維持できなかったからである。スコータイ都と同じように、ヒンドゥー教や大乗仏教の多神諸仏の信仰から、もはやそれらを切りすてた一仏、釈尊への信奉が求められた。

このような事情から、アンコール都の建築や美術は、西の隣国の、タイ族のスコータイ王国やアユタヤー王国の上座仏教文化から、学び、影響を受けた。寺院建築は、従来の砂岩やラテライトの建材から、木材やレンガへと変わった。また、礼拝の対象である釈尊像は、多くが木造となった。それらの木造仏がアンコール・ワットにも安置された例（図版78）を見たのである。

その後、アンコール・ワットも、上座仏教の寺院となり、その中には橙《だいだい》色、黄色の法衣をまとうお姿の僧侶（図版123）が、居住するようになった。上座仏教僧は、一般の人々に、五戒《ごかい》、さらにそれに重複した八斉戒《はっさいかい》を守るよう積極的に説いた。その八斉戒《はっさいかい》とは、八種類の戒《いまし》めのことで、その中の一つに、人は装身・化粧をやめ、歌や舞《まい》を聴視しない、とある。

この舞《まい》、舞踊を見ない、ということは、第二章で述べてきた寺院内での、供養女こと、踊り子の習慣に、反してしまう。このことによって、従来の寺院内での踊り子は、減少していったことだろう。

しかし、想い返せば、ジャヤーヴァルマン七世の治世、一一八六年に、タ・プロム寺院には、何と六百十五人もの踊り子がいた、と碑文に記されていた。そのため、寺院の境内は、踊り子を見る人々には明るく楽しくても、寺院内の清寂、清純さは、かきみだされた、ことだろうか。

結論

第二章のアンコールの踊り子たちでは、アンコール帝国の寺院に彫られた、女神浮彫像の展開を論じた。その作品類の頂点は、九〇〇年頃建立のプノン・バカエンの像にあった。これは新王都の新設にともない、当時の彫工がこの崇高な作品を生んだのである。その後、作品は徐々に硬い姿となり、いきづまる。それを柔和な姿にしたのが、九六七年建立のバンテアイ・スレイの像である。その時の巨匠が、ヤジュナーヴァラーハであった。その後の十二世紀になると、作品は、大量に彫られるようになり、十二世紀前半のアンコール・ワットでは、あまりに華麗になり、十二世紀後期により十三世紀初期には、衰退期に入った。

第三章のクメール彫刻史では、先アンコール期の最初期にあたる、プノン・ダ出の神像類がインド美術風で圧巻である。そして、アンコール期に入って、その初代の王、ジャヤーヴァルマン二世王時代のクレーン様式の神像は、アンコール帝国の開幕期にあたり、当時の彫工が気高い意欲をもって、すぐれた作品を生んだ。

その後、作品は次第に重たい姿となっていったが、第二章で述べた女神浮彫像と同様に、九六七年のバンテアイ・スレイの建立によって、作品は柔和で鮮麗《せんれい》された美しさを、生みだした。巨匠ヤジュナーヴァラーハによった、偉業である。その後の十二世紀に入ると、アンコール・ワットからバイヨンへと建立され、バイヨン建立の時代には、第二章の女神浮彫像と同様に、腰より下が不格好となり、衰退期に入った。

第四章の仰望プレア・ヴィヘアでは、カンボジア第一の遺跡寺院の全貌を記録、紹介した。十二世紀前半、アンコール・ワットの建立者、スーリャヴァルマン二世王の善行を伝えた、碑文を和訳している。碑文中にあるように、ヒンドゥー教の聖典『ヴェーダ』への崇拝が知らされる。その中にある王の善行、布施とは、聖典『リグ・ヴェーダ』に見る、「慈善の歌」（一〇・一一七）からの実践である。

第五章のバイヨンの顔では、十二世紀後期より十三世紀初期に君臨した、ジャヤーヴァルマン七世王建立のバイヨン寺院の人面塔、そこに彫られた多くの巨大な顔について、論じた。これらは現在、一般に、観音の顔といわれるが、そうではない。ヒンドゥー教の聖典『バカヴァッド・ギーター』の側から見ると、シヴァ神の尊顔ではなかろうか、と信ずる。

第六章のジャヤーヴァルマン七世王の観音では、同じくジャヤーヴァルマン七世王当時に、あつく信仰された、その観音像について論じた。その観音像に対する信仰上の意義を、仏教経典『カーランダ・ヴューハ・スートラ』、漢訳名『仏説大乗荘厳宝王経』を通じて、理解しようとした。アンコール帝国の後期に、ヒンドゥー教と大乗仏教とが、混合した、複雑化した宗教時代の作品類であった。

終わりに、再び第二章の踊り子、女神にもどす。寺院の側面に彫られた無数の天女たちは、神像、仏像、祖霊像の前にて踊った、踊り子たちの姿である。美しく、優雅に彫られてある。彼女たちは、特に祖霊祭の時に、戦死、不意での事故死でなくなった、浮遊霊プレータのために、美しき音楽にのって、霊前にて踊ったのである。

人生における最も苦痛なのは、プレータによる、人の身体にとりつく憑依《ひょうい》である。それらを供《く》養《よう》するために、その霊をなぐさめ昇華させるために、彼女たち、踊り子たちは、十分におしゃれして踊ったのである。その人数は、実に大勢であった。

その踊り子とその舞踊が、現在でも、カンボジアの伝統舞踊として、ひきつがれ、保存されている。あのアンコール・ワットには、約千七百体もの、当時の踊り子の姿が、浮彫で彫られてあった。そして、そのアンコール・ワットの前で、夕方、その古典舞踊が、世界中から観光客のために、演じられたのである。

参考文献

第一章　女神像崇拝の美術

（1）中野義照訳：『マヌ法典』、一九五一年、日本印度学会

（2）スワミ・ニルヴェーダーナンダ著、日本ヴェーダーンタ協会訳：『ヒンドゥイズム』、一九八六年、日本ヴェーダーンタ協会事務局

（3）Shastri, J. L. (Edited) : The Garuḍa Purāṇa, Ancient Indian Tradition and Mythology, vol. 12-14, Part 1-3, 1978, Delhi

第二章　アンコールの踊り子たち

（1）Coedès, George : Pour Mieux Comprendre Angkor , 1947, Paris

（2）高田修：バンテアイ・スレイの女神、『美術研究』第二〇七号、1959年、美術研究所

（3）Glaize, Maurice : Les Mounument du Groupe d'Angkor, 1963, Paris

第三章　プノンペン博物館の名品

（1）Groslier, Bernard Philippe : The Art of Indochina, 1962, New York

（2）J・ボワスリエ著、石澤良昭・中島節子訳：『クメールの彫刻』、一九八六年、連合出版

（3）Khun Samen : The New Guide to the National Museum Phnom Penh, 2018, Phnom Penh

（4）三浦関造訳：『至高者の歌』、一九七八年、竜王文庫

（5）A・C・バクティヴェーダンタ・スワミ・プラブパーダ著、クリシュナ意識国際協会日本支部翻訳部訳：『バガヴァッド・ギーター・あるがままの詩』、一九九〇年、クリシュナ意識国際協会日本支部

（6）山際素男編訳：『マハーバーラタ』、全九巻、一九九七年、三一書房

（7）佐保田鶴治訳：『ウパニシャド』、一九七九年、平河出版社

第四章　仰望　プレア・ヴィヘア

（1）Black, John. F. R. G. S. : The Lofty Sanctuary of Khao Phra Vihār, 1976, Bangkok

（2）Cœdès, George : Inscription du Cambodge, 1937~1954, Hanoi & Paris

（3）辻直四郎訳：『リグ・ヴェーダ讃歌』、一九七〇年、岩波書店

第五章　バイヨンの尊顔

（1）Cœdès, George : Angkor, 1963, London

（2）Dumarçay, Jacques & Groslier, Bernard Philippe : Le Bayon, Histoire Architecturale du Temple, 1973 Paris

（3）Ghosh, Manomahan : Date of the Bayon and of the Angkor Vat, R. C. Majumdar Felicitation Volume, 1970, Calcatta

（4）高田修：宝冠仏の像について、『仏教芸術』第二十一号、一九五四年、毎日新聞社

（5）Dufour, Henry : Le Bayon d'Angkor Thom, 1913, Paris

（6）三浦関造訳：『至高者の歌』、一九七八年、竜王文庫

第六章　七世大王の観音

（1）『国訳一切経』、密教部5、一九三三年、大東出版社

（2）ジョルジュ・セデス、三宅一郎訳：『アンコール遺跡』、一九九〇年、連合出版

（3）Chutiwongs, Nandana : The Iconography of Avalokitesvara in Mainland South East Asia, 1984, Bangkok

第七章　クメール美術の衰退

（1）Thach Toan : Angkor and its Meanings, 2016, Phnom Penh

尊王系譜

扶南王国	在位年代
カウンディンヤ王	四〇〇年~四二〇年
ジャヤーヴァルマン王	四八四年~五一四年
ルドラヴァルマン王	五一四~五三九年

真臘王国	
バヴァヴァルマン王	五五〇年
チトラセーナ王	六〇〇年
イーシャーナヴァルマン王	六一六~六三五年
バヴァヴァルマン二世王	六三六~六五六年
ジャヤーヴァルマン一世王	六五七~六八一年
真臘王国の分裂	

アンコール帝国	在位年代
ジャヤーヴァルマン二世王	八〇二～八五四年
ジャヤーヴァルマン三世王	八五四～八七七年
インドラヴァルマン一世王	八七七～八八九年
ヤショーラヴァルマン一世王	八八九～九一〇年
ハルシャヴァルマン一世王	九一〇～九二五年
イーシャーナヴァルマン二世王	九二五～九二八年
ジャヤーヴァルマン四世王	九二八～九四一年
ハルシャヴァルマン二世王	九四二～九四四年
ラージェンドラヴァルマン二世王	九四四～九六八年
ジャヤーヴァルマン五世王	九六八～一〇〇一年
ウダヤーディチャヴァルマン一世王	一〇〇一～一〇〇二年
ジャヤーヴィーラヴァルマン一世王	一〇〇二～一〇一〇年
スーリヤヴァルマン一世王	一〇〇二～一〇四九年
ウダヤーディチャヴァルマン二世王	一〇五〇～一〇六六年
ハルシャヴァルマン三世王	一〇六六～一〇八五年
ジャヤーヴァルマン六世王	一〇八五～一一〇七年
ダラーニンドラヴァルマン一世王	一一〇七～一一一二年
スーリヤヴァルマン二世王	一一一二～一一五〇年
ハルシャヴァルマン四世王	一一五〇～一一五一年
ダラーニンドラヴァルマン二世王	一一五一～一一六〇年
ヤショーヴァルマン二世王	一一六〇～一一六五年
トリブヴァナーディチャヴァルマン王	一一六七～一一七七年
ジャヤーヴァルマン七世王	一一八一～一二一五年
インドラヴァルマン二世王	一二一五～一二四三年
ジャヤーヴァルマン八世王	一二四二～一二九五年
スリ・インドラヴァルマン王	一二九五～一三〇八年
スリ・インドラジャヤヴァルマン王	一三〇八～一三二七年
ジャヤーヴァルマン九世王	一三二七～一三五三年？
アンコール都の没落	一四三二年

シエムリアップ町の大寺院の故高僧、1968年

跋

クメール美術研究は、一九六四年以降、今日に至り、東南アジア史学会、東京外国語大学、同大学アジア・アフリカ言語文化研究所の機関誌に発表した。令和元年九月、アンコールとプノンペンを再訪し、再確認をなし、拙稿を一新、改めて世に発表することになった。

第二章の女神論は、東京外国語大学、聖心女子大学での講義にて、毎年語ってきた。第四章のプレア・ヴィヘアは、我が国に最初に紹介し、今後は世界的に知られるようになるにちがいない。

カンボジア大使館のケム・ボリヴァプ氏 Mr. Kem Borivaph のご助力により、最初の御写真、ノロドム・ブパ・デーウィ王女の掲載許可を頂け、ここに感謝のお礼を申し上げる。また図版106の傑作写真に対し、上山益男氏に感謝を表する。

終わりに『クメール美術』の出版に当たり、温かいご理解を頂けた、株式会社雄山閣社長、宮田哲男氏に感謝を表したい。また、編集に直接に携わった八木崇氏、青木淳氏に対し、謹んでお礼を申し上げる。

令和四年五月五日　大安　　　　著者識す